Bibliografische Information der Deutschen Nationalbibliothek
Die Deutsche Nationalbibliothek verzeichnet diese Publikation in der Deutschen Nationalbibliografie; detaillierte bibliografische Daten sind im Internet über http://dnb.de abrufbar.

Reiner Keller
Michel Foucault
Klassiker der Wissenssoziologie, 7
Halem: Köln 2023

Die Reihe *Klassiker der Wissenssoziologie* wird herausgegeben von Prof. Dr. Bernt Schnettler.

1. Auflage 2008
2. Auflage 2023

ISSN 1860-8647

ISBN (Print): 978-3-7445-2073-7
ISBN (PDF): 978-3-7445-2074-4
ISBN (ePub): 978-3-7445-2075-1

Den Herbert von Halem Verlag erreichen Sie auch im Internet unter http://www.halem-verlag.de
E-Mail: info@halem-verlag.de

EINBAND: Herbert von Halem Verlag; Susanne Fuellhaas, Konstanz
SATZ: Herbert von Halem Verlag
LEKTORAT: Julian Pitten
DRUCK: docupoint GmbH, Magdeburg

Klassiker der Wissenssoziologie

Reiner Keller

Michel Foucault

HERBERT VON HALEM VERLAG

Danksagung
Wir danken dem Suhrkamp-Verlag für die Abdruckgenehmigung der Umschlagabbildung.
Reiner Keller dankt Angelika Poferl und Bernt Schnettler für hilfreiche Kommentierungen.

Zum Autor
Reiner Keller ist Inhaber des Lehrstuhls für Soziologie an der Universität Augsburg.

Inhalt

Vorwort zur zweiten Auflage

Die vorliegende Einführung erschien erstmals im Jahre 2008. Sie berücksichtigte die bis dahin zugänglichen deutsch- und französischsprachigen Veröffentlichungen von Michel Foucault und schlug eine wissenssoziologisch und pragmatistisch akzentuierte Lesart seiner historischen Analysen von Macht-Wissen-Regimen vor. Sowohl die wissenssoziologische wie auch die pragmatistische Deutung konnten sich auf ähnliche Werkauslegungen im englischsprachigen Raum stützen, und ich sehe mich darin auch durch einige seitdem erschienene Beiträge u.a. in den *Foucault Studies* bestärkt. Vielleicht findet der anhaltende weltweite Rezeptionserfolg des Foucault'schen Werkes gerade in diesen beiden Dimensionen eine wichtige Erklärung. Dies gilt auch für die Erfolgsbegriffe ›Diskurs‹ und ›Dispositiv‹, die zunehmend zu Ankerpunkten und Werkzeugen empirischer Forschungen geworden sind.

Seit der Erstveröffentlichung erschienen posthum zahlreiche weitere Vorlesungsmitschriften und ›vermischte Texte‹ Foucaults, nicht zuletzt auch der vierte Band der Reihe *Sexualität und Wahrheit* mit dem Titel *Die Geständnisse des Fleisches*. Gerade der Vergleich zwischen Vorlesungsmitschriften und regulär veröffentlichten Büchern ist sehr interessant, wenn man sich Foucaults Denken und Argumentieren ›on the road‹ nähern möchte – die Art und Weise, wie er Vorhaben angeht, sich durch Literaturberge arbeitet und sukzessive seine eigene theoretische Diagnostik dazu entwickelt. In vielen Teilen seines Werkes ist Foucault eben genau das: ein empirisch arbeitender Diagnostiker, für den Begriffe wie ›Disziplinargesellschaft‹,

›Biopolitik‹ und ›Gouvernementalität‹ in erster Linie ex post eingesetzte Konzepte zur Benennung spezifischer historischer institutioneller Konstellationen darstellen, die das Resultat einer Gesamtanalyse in sich bündeln. Es sind keineswegs Theorien oder Theoreme, die zur Vorab-Erklärung taugen. Eine Goldmine der Foucault-Forschung stellen sicher auch die in der französischen Nationalbibliothek nunmehr (z.T. auch online) zugänglichen Arbeitsnotizen Foucaults dar, deren inhaltliche Erschließung gerade erst begonnen hat. Verschiedene Webseiten bieten zu all dem hilfreiche Zugänge.[a] Unübersichtlich wird die Literaturlage vor allem durch die immer wieder neuen thematischen Zusammenstellungen bereits (mehrfach) erschienener Texte, die spezifische Werkaspekte hervorheben.[b] Dies gilt auch für die Veröffentlichungssituation insbesondere in Großbritannien oder den USA bzw. allgemeiner dem englischsprachigen Raum.

Die vorliegende Neuauflage unternimmt moderate Ergänzungen, aber keine wesentlichen Veränderungen oder Korrekturen gegenüber der Erstauflage. Zudem wurden die Literatur-

a Z.B. vor allem die Seiten *Centre Michel Foucault* (https://centremichelfoucault.com/ressources-en-ligne/ [3.10.22]); *Foucault News* (https://michel-foucault.com/category/foucault-archives/ [3.10.22]); oder das Journal *Foucault Studies* (https://rauli.cbs.dk/index.php/foucault-studies [3.10.22]); auch *Foucault-Info* (https://foucault.info/ [3.10.22]). Hinzu kommen unzählige im Netz verfügbare Videoclips von Vorträgen oder Diskussionen, an denen Foucault beteiligt war, sowie die Tonaufzeichnungen seiner Vorlesungen, Radiointerventionen usw. Vgl. bspw. das Foucault Audio Archive an der University of California, Berkeley (u.a. mit zahlreichen englischen Vorträgen): https://guides.lib.berkeley.edu/mfaa [3.10.22].

b Zu Foucaults Vorgehensweisen bspw. Foucault (2009b), zu seinen *Schriften zur Literatur* Foucault (2003), zur ›Lebenskunst‹ Foucault (2007), zur politischen Philosophie Foucault (2009c), zu Medien Foucault (2012). Vergleichsweise kostengünstig ist die bei Suhrkamp 2008 erschienene Zusammenstellung *Die Hauptwerke*; zahlreiche aufschlussreiche Werkbegleitungen finden sich nach wie vor in den vier Bänden seiner verstreuten *Schriften* (ebenfalls im Suhrkamp-Verlag). Zudem sind (nicht nur in) deutscher Sprache zahlreiche Sammelbände erschienen, die sich mit der Foucault-Rezeption und ihren Wirkungen in verschiedensten Wissensgebieten (Gender Studies, politische Philosophie, Raumforschung usw.) beschäftigen. Ein Einbezug dieser aktuellen Diskussionen würde jedoch den Rahmen einer Einführung sprengen.

angaben da aktualisiert und ergänzt, wo dies geboten schien. Nach wie vor erscheinen neue, in Foucaults Werk oder einzelne Werkaspekte einführende Artikel oder Bücher. Und auch die sich auf Foucault stützenden Diskussionen und Forschungen in ganz unterschiedlichen wissenschaftlichen Disziplinen sind hoch lebendig. Sie hier aufzunehmen oder auch nur ansatzweise abzubilden, hätte allerdings ein anderes, deutlich umfangreicheres Buch erfordert, das an dieser Stelle gar nicht nötig sein mag. Denn es soll im Kern bleiben, wie es konzipiert war – als Einladung, sich dem Foucault'schen Werk in seiner Vielfalt und mit Blick auf seine empirischen Forschungen mit Neugier und ohne allzu starke Vor-Urteile zu nähern, um von dort aus dann ›selber‹ zu denken.

Ich danke Samuel Brand, Julia Schönwerth und Brigitte Ploner für Ihre Unterstützung bei den notwendigen Korrekturen, dem Herbert von Halem Verlag für die Anregung zur sowie Geduld mit der Erstellung der Neuauflage.

Reiner Keller, München, im Oktober 2023

1. »Der Philosoph Foucault spricht. Denken Sie.«

»Wenn Foucault die Arena betritt, rasch, draufgängerisch, wie jemand, der ins Wasser springt, steigt er über Gliedmaßen und Körper von Hörern, um sein Pult zu erreichen, schiebt er Tonbandgeräte beiseite, um sein Manuskript ablegen zu können – er öffnet seine Jacke, schaltet eine Lampe an und beginnt, auf die Minute pünktlich. Eine starke, tragende Stimme, von Lautsprechern verstärkt, die einzige Konzession an die Moderne in einem Saal, der von einem aus Stuckbecken aufsteigenden Licht nur spärlich erhellt wird. Es sind dreihundert Plätze vorhanden und fünfhundert zusammengepferchte Personen, die auch das kleinste Fleckchen Raum mit Beschlag belegen. Nicht einmal eine Katze würde da noch einen Fuß hineinsetzen [...]. Keinerlei rednerischer Effekt. Das Ganze ist vollkommen klar und schrecklich durchschlagend. Nicht die geringfügigste Konzession an die Improvisation« (zit. nach ERIBON 1991: 315f.).

Michel Foucault (1926 - 1984), dessen Auftritt an der renommiertesten französischen Denkakademie, dem *Collège de France*, hier von einem Journalisten der französischen Wochenzeitschrift *Nouvel Observateur* geschildert wird, war seit Mitte der 1960er-Jahre zu einem Star der französischen Intellektuellenszene geworden. Das verdankte er vor allem einem sperrigen Buch, das 1966 unter dem Titel *Les mots et les choses* (»Die Wörter und die Dinge«; dt. Titel: *Die Ordnung der Dinge. Eine Archäologie der Humanwissenschaften*) in Frankreich erschien, und dessen Schlusszeilen noch Jahre später manchen Kritiker in Wallung versetzten. Das Erscheinen der »Gestalt des Menschen«, so schrieb Foucault,

> »[...] war die Wirkung einer Veränderung in den fundamentalen Dispositionen des Wissens. Der Mensch ist eine Erfindung, deren junges Datum die Archäologie unseres Denkens ganz offen zeigt. Vielleicht auch das baldige Ende. Wenn diese Dispositionen verschwänden, so wie sie erschienen sind, [...] dann kann man sehr wohl wetten, daß der Mensch verschwindet wie am Meeresufer ein Gesicht im Sand« (FOUCAULT 1974a: 462).

Obwohl diese Schrift allen verlegerischen Grundsätzen eines erfolgversprechenden Textes widersprach, wurde die *Ordnung der Dinge* zum editorischen Ereignis des Jahres, mehr noch des Jahrzehnts.

»Foucault geht weg wie warme Semmeln«, hieß es dazu im *Nouvel Observateur* (zit. nach ERIBON 1991: 242). Der Verlag kam kaum mit dem Drucken nach. Das Buch war wohl allgegenwärtig: Man trug es am Strand, man zeigte sich damit im Café, man bestritt damit Konversationen (vgl. ebd.: 242f.). Erst Ende der 1970er-Jahre wurde es in Frankreich stiller um den eigenwilligen Denker, ein *enfant terrible* des *Collège de France*, das neben seinem akademischen Wirken vielfältiges politisch-praktisches Engagement gezeigt hatte, beispielweise die Gefangenenbewegung oder die polnische *Solidarność* unterstützte, gegen Rassismus auf die Straße ging und in der einen oder anderen Gefängnisnacht die polizeiliche Gewalt der Staatsmacht unmittelbar zu spüren bekam. In dieser Zeit begann jedoch sein Aufstieg in der englischsprachigen Welt, nicht unbedingt in den Sozialwissenschaften, sondern eher in den *Humanities* und *Cultural Studies*. Dies veranlasste den ebenfalls weltbekannten deutschen Philosophen und kritischen Theoretiker Jürgen Habermas zu einer posthum rühmenden Einschätzung, in der gleichwohl leichtes Bedauern anklingt: Foucault sei aus dem Kreis der philosophischen Zeitdiagnostiker seiner Generation derjenige, der den »Zeitgeist am nachhaltigsten affiziert« habe (vgl. den Klappentext von ERIBON 1991). Habermas, der weithin als eher verständnisloser Kritiker Foucaults auftrat, hat auch damit nicht unbedingt den Punkt getroffen, zumindest dann nicht, wenn die Rede vom ›Zeitgeist‹ das Modische und Flüchtige, das nahende Verfallsdatum bezeichnen sollte. Foucault ist, so kann man vielmehr festhalten, heute ›verbreiteter‹ denn je und hat zuletzt auch die Sozialwissenschaften erobert – mehr noch, er ist inzwischen eine »moderne kulturelle Ikone« geworden (O'FARRELL 2005: 1).[1]

Zwanzig Jahre nach seinem Tod sei Foucault immer noch präsent, heißt es in einem Dossier des *Magazine Littéraire* (Nr. 435, Oktober 2004: 29) anlässlich des ihm gewidmeten Pariser Herbst-Festivals für Kultur und Kunst. Vierzig Jahre danach hat sich diese Präsenz noch einmal in fast unglaublicher Weise potenziert – was sicherlich auch viele ›nachlässig-modische‹ An- und Aufrufungen beinhaltet. Und sicherlich halten seine nunmehr (zum Teil auch schon digitalisiert) zugänglichen Notizen weitere Überraschungen bereit (vgl. die Hinweise im Vorwort zu diesem Buch sowie: *Le Magazine Littéraire* Nr. 540: Dossier Foucault Inédit, 2014).

Noch bis Anfang der 2000er-Jahre wäre es unwahrscheinlich gewesen, sein Werk in einer Buchreihe zu den *Klassikern der Wissenssoziologie* zu behandeln, obwohl er zweifellos historisch-empirische Analysen von Wissensformationen betrieb. Foucault war von seiner akademischen Ausbildung her in erster Linie Philosoph, auch Psychologe. Allerdings arbeitete er, ungewöhnlich genug für einen Philosophen, empirisch an historischen Materialien und bewegte sich damit auf geschichtswissenschaftlichem Terrain. Dies wiederum verknüpfte er mit einem gegenwartsbezogenen diagnostischen Frageinteresse, bei dem jedoch Bezüge zur Soziologie keine maßgebliche Rolle spielten, abgesehen von wenigen, unsys-

1 In den Untiefen des World Wide Web sind nicht nur Filmausschnitte und Radioaufnahmen zu finden, sondern der fotoillustrierte Foucault-Spaziergang durch Paris, Foucault-Spielzeugfiguren mit magischen Kräften ebenso wie die Musikalisierung in Gestalt eines Foucault-Funk, das Foucault-Quiz oder mehrere weltweite ›Wer sieht aus wie Foucault?‹-Wettbewerbe – schließlich hat er nicht nur ein Werk, sondern auch einen ›Look‹ geschaffen.

tematischen (und überwiegend kritischen) Erwähnungen von Auguste Comte, Émile Durkheim, Marcel Mauss sowie einzelnen Verweisen auf Erving Goffmans Untersuchung der ›Asyle‹ oder teils zustimmenden, teils kritischen Bezügen auf die Kritische Theorie. Häufiger und positiver ist allerdings die Referenz auf Max Weber, vor allem dessen *Protestantische Ethik* und die Analyse der abendländischen Rationalisierung. Foucault verstand sich nicht als Soziologe, auch wenn er hier und da Bezüge zur Soziologie herstellte und zumindest in einem Interview seine Arbeiten als ›soziologische Institutionenanalyse‹ einordnen ließ (S. 46f.). In einem späten, für ein Philosophielexikon verfassten und unter einem Pseudonym erschienenen Selbstporträt verortete er sich in der kritischen philosophischen Tradition Immanuel Kants und schrieb, man könne »sein Unternehmen *Kritische Geschichte des Denkens* nennen« (FOUCAULT 2005q: 776f.). Aufgabe der Philosophie sei es, »anders zu denken«:

> »Aber was ist die Philosophie heute – ich meine die philosophische Aktivität –, wenn nicht die kritische Arbeit des Denkens an sich selber? Und wenn sie nicht, statt zu rechtfertigen, was man schon weiß, in der Anstrengung liegt, zu wissen, wie und wieweit es möglich wäre, anders zu denken?« (FOUCAULT 1989b: 15f.).

Damit greift Foucault Kants Bestimmung der ›Aufklärung‹ auf; auch der Titel des vorliegenden Kapitels lässt sich so verstehen: »Habe Mut, dich deines eigenen Verstandes zu bedienen!« (KANT 1978: 53). An anderer Stelle sprach er davon, zu diesem Zwecke eine »Ethnologie unserer eigenen Kultur« zu betreiben. Man könne seine Untersuchungen »als eine Analyse der für unsere Kultur charakteristischen kulturellen Tatsachen definieren. In diesem Sinne handelt es sich gewissermaßen um eine Ethnologie der Kultur, der wir selbst angehören« (FOUCAULT 2001c: 776).

Foucault gebraucht den Begriff der ›Kritik‹ im Sinne Kants, als Frage nach den Grundlagen, Möglichkeitsbedingungen und Funktionsweisen des Untersuchungsgegenstandes (vgl. FOUCAULT 2005l, 1992): Es handele sich um »eine Ethnologie unserer Rationalität, unseres Diskurses« (FOUCAULT 2001c: 776). Sein Lehrstuhl am prestigeträchtigen *Collège de France*, den er von 1970 bis zu seinem frühen Tod innehatte, trug den Titel ›Geschichte der Denksysteme‹.

Es ist wenig verwunderlich, dass Foucault das Schicksal etlicher ›Grenzgänger zwischen den Disziplinen‹ teilte. Vielen Philosophen[2] war (und ist) er zu wenig philosophisch, Historikern zu wenig historisch, Soziologen zu wenig soziologisch, Politikwissenschaftlern zu wenig politologisch usw. Umgekehrt erklärt sich aus diesem Grenzgängertum sein Erfolg, nicht zuletzt in Fächern wie den interdisziplinären *Cultural Studies* und verwandten Gebieten, die seit den 1970er-Jahren entstanden sind. Der französische Historiker Paul Veyne, ein Freund Foucaults, sah in seinem Werk »das bedeutsamste Denkereignis unseres Jahrhunderts« (in *Le Monde* vom 27.6.1984; zit. nach ERIBON 1991: 476, vgl. VEYNE 2009). Foucault selbst hat die Kontroversen um dieses Werk durch (häufig verdeckte) philosophische Seitenhiebe, eingestreute Ironisierungen, nachträgliche Redigierungen und Kommentierungen seiner Texte durchaus befördert. All denjenigen, die auf Eindeutigkeit, Konsistenz und Kohärenz wissenschaftlicher Welterklärung setzten, gab er einen Korb und galt ihnen damit als zwielichtige Gestalt. ›Anders zu denken‹ bedeutet für ihn die Umsetzung philosophischen Fragens in konkreten, historisch-empirischen Untersuchungen. Dafür wählte er geschichtliche Gegenstandsbereiche, die meist einen unmittelbaren lebensgeschichtlichen Bezug aufweisen: die Trennung von Wahnsinn und Vernunft als Grundlage der Entwicklung der Psychologie, die Entstehung der klinischen Medizin, die Wissensorganisation der Humanwissenschaften, die Strafpraktiken und Disziplinartechnologien oder die Geschichte der Sexualität. Ziel dieser Untersuchungen sei nicht die Erklärung der jeweiligen

2 Um der Lesbarkeit willen wird in diesem Buch das generische Maskulinum verwendet. Sofern nicht explizit anders angegeben, sind immer alle Geschlechter gemeint.

Entwicklungen durch vorab entworfene Theorien, sondern die Möglichkeit, daraus durch ein unvoreingenommenes »sich Einlassen« einen Gewinn in Form einer Erfahrung zu ziehen:

> »Eine Erfahrung ist etwas, aus dem man verändert hervorgeht. Wenn ich ein Buch schreiben sollte, um das mitzuteilen, was ich schon gedacht habe, ehe ich es zu schreiben begann, hätte ich niemals die Courage, es in Angriff zu nehmen. Ich schreibe nur, weil ich noch nicht genau weiß, was ich von dem halten soll, was mich so sehr beschäftigt. So dass das Buch ebenso mich verändert wie das was ich denke. [...] Ich bin ein Experimentator und kein Theoretiker. Als Theoretiker bezeichne ich jemanden, der ein allgemeines System errichtet, sei es ein deduktives oder ein analytisches, und es immer in der gleichen Weise auf unterschiedliche Bereiche anwendet. Das ist nicht mein Fall. Ich bin ein Experimentator in dem Sinne, dass ich schreibe, um mich selbst zu verändern und nicht mehr dasselbe zu denken wie zuvor« (FOUCAULT 1996: 24).

Zu einer solchen Haltung gehört auch sein bereits in der *Archäologie des Wissens* formulierter Appell, man möge ihn nicht auf eine ›lebenslängliche‹ Position festlegen, sondern ihm Veränderung zugestehen (vgl. FOUCAULT 1988a: 30). Wiederholt betonte er, seine Arbeiten seien ›Werkzeugkisten‹, aus denen man sich nach eigenen theoretischen und praktischen Zwecken bedienen solle (FOUCAULT 2002a, 2002b): »Der Philosoph Foucault spricht. Denken Sie«, lautete einer seiner Vortragstitel aus dem Jahre 1973 (FOUCAULT 2002c).

Die ernsthafte Auseinandersetzung mit Foucault im deutschsprachigen Raum stand lange Zeit im Schatten heftiger Polemiken anderer Intellektueller. Von Jean Améry über Jürgen Habermas bis hin zu Hans Ulrich Wehler reichen die Kritiker, die aus einflussreichen Positionen heraus verdammende Urteile gegen sein ›unverantwortliches Denken und Philosophieren‹ formulierten.[3] Er blieb davon nicht unberührt. So schildert Paul Veyne ein gemeinsames Abendessen mit Haber-

3 Vgl. Eribon (1991: 241ff.) und exemplarisch Habermas (1985: 279-312). Eine engagierte Verteidigung Foucaults präsentiert Schäfer (1995).

mas, das anlässlich von Vorträgen des Letzteren in Paris im März 1983 stattfand:

> »Foucault konnte nicht umhin, Habermas zum Abendessen einzuladen. [...] Es wird englisch gesprochen. Die Unterhaltung, von eisiger Höflichkeit, begann mit einer Diskussion, in der Habermas gegen ich weiß nicht mehr welche politische Haltung Mitterands in jener Woche protestierte [...; Ausl. i. O.]. Dann begann man über Philosophie zu sprechen, und der latente clash war so offensichtlich, daß Foucault am Ende nach einem Satz von Habermas eine Pause eintreten läßt, sich zu ihm dreht, in einem breiten, eher verschlingenden und grausamen als liebenswürdigen Lächeln die zwei Reihen seiner Haifischzähne entblößt und sagt: ›Bin ich vielleicht ein Anarchist?‹ wobei er das Wort Anarchist sarkastisch betont« (zit. nach ERIBON 1998: 289).

Zunächst schien es für Foucault also keinen Platz im etablierten akademischen und intellektuellen Feld Deutschlands zu geben. Die Rezeption seiner Arbeiten fand eher an den Rändern des universitären Betriebes statt. Doch inzwischen haben sich die Wogen geglättet; selbst im Frankfurter Umkreis der Kritischen Theorie ist der Name Foucault zitierfähig geworden (HONNETH/SAAR 2003). Die Auseinandersetzung mit seinen Arbeiten ist quer durch die verschiedenen geistes- und sozialwissenschaftlichen Disziplinen lebendiger denn je.

Auch ›Foucault und die Soziologie‹ – das ist kein einfaches Verhältnis und immer wieder einer Diskussion wert (OTERO 2006; FABIANI 2004). Nach wie vor behaupten ebenso eingefleischte wie kurzsichtige Foucault-Adepten, mit Foucault wäre ›die‹ Soziologie überwunden. Foucaults häufig zitierte Ablehnung von ›Interpretation‹ und ›Hermeneutik‹ hat zusätzlich für Missverständnisse und Streitereien gesorgt. Sie wurde und wird immer wieder für Generalangriffe des ›Poststrukturalismus‹ (STÄHELI 2000) auf soziologische Positionen des ›interpretativen Paradigmas‹ (KELLER 2012) benutzt. Doch was bedeuten die Begriffe ›Interpretation‹ und ›Hermeneutik‹ für Foucault? Beziehen sie sich tatsächlich auf das, was heute in Teilen der

Soziologie darunter verstanden wird?[4] Betreffen sie das Anliegen der vorliegenden Arbeit, ihn als Wissenssoziologen in der Tradition qualitativer, also eben im heutigen soziologischen Verständnis interpretativer und hermeneutischer Forschung zu lesen (KELLER 1997, 2005, 2011b)? Diese Fragen sind im weiteren Textverlauf zu beantworten. Hier muss der Hinweis genügen, dass es ›die‹ Soziologie nicht gibt. Foucaults Denken und Arbeiten lässt größere Affinitäten zu einigen soziologischen Vorgehensweisen und Erkenntnisinteressen erkennen, als es oberflächlichen Polemiken erträglich erscheint. Ehemalige Mitarbeiter wie Robert Castel haben einflussreiche soziologische Studien vorgelegt, auf die sich Foucault selbst zustimmend bezogen hatte, und bereits mehrfach sind Wahlverwandtschaften zwischen Foucault und manchen soziologischen Ansätzen betont worden (z.B. DEAN 1994; KENDALL/WICKHAM 1999; LAW 1994; HALL 2002). Wer das Denken Foucaults als Alternative zur Soziologie insgesamt betrachtet, verkennt die Komplexität des ›soziologischen Feldes‹ (Pierre Bourdieu), das sich in den 1960er-Jahren wie überall in Europa auch in Frankreich gerade erst konstituierte und zunächst noch gar nicht als Referenzgröße herangezogen werden konnte.

Die vorliegende Einführung folgt dem Grundgedanken, im Unterschied zu anderen Werkerläuterungen Foucault weder als Philosophen noch als Historiker zu rezipieren, sondern die wissenssoziologischen Momente seines Werks herauszuarbeiten. Dass man ihn nicht nur als allgemeinen ›Klassiker des Denkens‹, sondern als ›Klassiker der Soziologie‹ interpretieren kann, wurde im anglo-amerikanischen Kontext von Barry Smart (2002) schon lange und mit großer Selbstverständlichkeit behauptet, der ihn in einer Einführungsreihe neben die ›key sociologists‹ des 20. Jahrhunderts, Émile Durkheim, Georg Simmel, die Frankfurter Schule, Max Weber u.a. stellt.

4 Vgl. zu Foucault vor allem Dreyfus und Rabinow (1987), zum Begriff der Hermeneutik allgemeiner Jung (2018) und Kurt (2008), im Zusammenhang mit Fragen der Diskursforschung Keller u.a. (2015).

In der soziologischen Theorie haben Foucault'sche Konzepte deutliche Spuren bei Anthony Giddens sowie in vielen Spezialsoziologien hinterlassen (BERT 2006). Auch im deutschsprachigen Raum ist eine Aufnahme in den Klassikerhimmel erfolgt (KNOBLAUCH 2000; STÄHELI 2001; KAESLER 2005; TREIBEL 2006).

Das Anliegen, Foucault als Wissenssoziologen zu lesen, kann an einige Vorarbeiten anschließen. 1982 stellte Philipp Manning fest, Foucault erkunde das Feld der Wissenssoziologie, d.h. die Bedeutung von Ideen in ihrem sozialen Kontext, die Erklärung ihrer Kontinuität und ihres Wandels. Wissenssoziologisch sei auch seine Frage nach den Konzepten, die zeigen, wie bestimmte Praktiken in einem institutionellen Feld sich unterscheiden, welche Rolle Machtbeziehungen bzw. materielle und politische Kräfte für Strukturierungen des Wissens spielen sowie welche Folgen sich daraus ergeben (MANNING 1982: 65). 1987 sprach der Philosoph Manfred Frank von Foucault als einem ›Wissenssoziologen‹ (vgl. BRIELER 1998a: 123). Für die australische Kulturwissenschaftlerin Clare O'Farell wiederum bezeichnen Foucaults Kulturverständnis und sein Forschungsinteresse die Art und Weise, in der eine Gesellschaft Wissen über die Welt und über die Sozialbeziehungen konstruiere und organisiere sowie spezifische Verhaltensweisen und Wissensformen bzw. Wissensbestände als akzeptabel oder inakzeptabel definiere (O'FARELL 2005: 17). Vor einiger Zeit erfolgten auch im deutschsprachigen Raum weitere Einordnungen Foucaults in die Wissenssoziologie (KNOBLAUCH 2014: 209ff.; MAASEN 2007; vgl. bereits KELLER 1997 sowie 2011b). Gegenüber diesen meist knappen Präsentationen wird hier eine umfassende Interpretation vorgestellt, die neben einem biografischen Überblick auch Hintergründe des Werkes, Vorgehensweisen und materiale Analysen berücksichtigt. Gezeigt werden soll, dass sich die Überlegungen Foucaults gewinnbringend auf wissenssoziologische Fragestellungen anwenden lassen.

Foucault bewegte sich in seinem Denken und Arbeiten weg von der ›reinen‹ Philosophie und ihren Fragen nach den universalen Merkmalen des Menschseins hin zur historisch-empirischen Analyse der vielfältigen und kontingenten Konstitutionsprozesse menschlicher Subjektformen in gesellschaftlichen Praxisfeldern, im Zusammenspiel von Wissen und Macht, von Diskursen und institutionellen Praktiken im Umgang mit Wahnsinnigen, der Behandlung von Kranken oder der Bestrafung von Gesetzesbrechern etc.[5] Er greift dabei auf Ideen der französischen geschichtswissenschaftlichen *Annales*-Schule zurück, die ihrerseits stark durch die Soziologie Émile Durkheims geprägt war. Diese hatte auch den sprachwissenschaftlichen und ethnologischen Strukturalismus beeinflusst, auf den sich Foucault in seinen Arbeiten der 1960er-Jahre hin und wieder bezog:

> »Der alte Gegensatz zwischen den Humanwissenschaften und der Geschichtswissenschaft [...], dieser Gegensatz verschwindet. Veränderungen können auch mit Strukturbegriffen analysiert werden, und der historische Diskurs ist durchsetzt mit Analysen, die der Ethnologie, der Soziologie, den Humanwissenschaften entnommen sind« (FOUCAULT 2001j: 752).

Wenn sich Foucault ironisch und selbstbewusst in seiner *Archäologie des Wissens* von 1969 als »glücklichen Positivisten« bezeichnet (s. S. 57ff.) und damit das blanke Entsetzen seiner Philosophenkollegen hervorruft, so nimmt er doch nur ein Etikett auf, das spätestens seit Auguste Comte und dann bei Émile Durkheim den Anspruch der Soziologie anmeldete, der Philosophie den Königsthron der Disziplinen streitig machen

5 Solche Fragen sind schon früh auch für wissenssoziologische Positionen bedeutsam. 1926 forderte Max Scheler eine wissenschaftliche »Geschichte des Selbstbewußtseins des Menschen von sich selbst« (zitiert nach BRIELER 1998a: 164). Marcel Mauss hatte in den 1930er-Jahren von »Techniken des Körpers« (MAUSS 1978a) gesprochen, an die Foucaults »Technologien des Selbst« (s. u. S. 144) erinnern. Derselbe Mauss schrieb in einem Aufsatz über den Begriff der Person: »Wie hat sich im Laufe der Jahrhunderte und in den verschiedenen Gesellschaften nicht nur das ›Ich‹-Gefühl, sondern wie haben sich Vorstellung und Begriff entwickelt, die die Menschen verschiedener Zeiten sich davon gebildet haben? Was ich Ihnen vorführen will, ist die Reihe der Gestalten, die dieser Begriff im Leben der Menschen in der Gesellschaft angenommen hat [...]« (MAUSS 1978b: 225; vgl. MOEBIUS 2006).

zu wollen – »positive Philosophie«, so lautete der Titel von Comtes soziologischen Vorlesungen.

Zwischen Durkheim und Foucault lassen sich manche Interessensüberschneidungen erkennen. Durkheim wandte sich in seinem Spätwerk einer wissenssoziologischen Geschichte der »systèmes de représentation collectives«, also der kollektiven Vorstellungs- und Glaubenssysteme zu. Foucaults Lehrstuhl war mit »Geschichte der ›systèmes de pensées‹« (Denksysteme) tituliert, und er hatte das zuvor entsprechend entworfen und begründet. Beide behandelten Aspekte der sozialen Herkunft, Grundlagen und Folgen von Klassifikationssystemen und Wissensregimen (z. B. DURKHEIM 1981: 27; FOUCAULT 1974a, 2001d; vgl. auch ESSBACH 1997). Beide wandten sich damit gegen Immanuel Kant und dessen Annahme von ahistorischen, universalen Apriori des menschlichen Erkenntnisvermögens und der Verstandestätigkeit, die – wie Kausalität, Raum und Zeit – von Menschen zur deutenden Ordnung der Welt benutzt werden. Stattdessen insistierten sie auf der sozialen Genese und Geschichtlichkeit, d. h. einem ›historischen Apriori‹ des Wissens. Dennoch ist Foucault nicht einfach ›Durkheimianer‹. Dazu unterscheiden sich ihre Herangehensweisen an diese Fragen doch zu sehr. Eher ließe sich sagen, dass Foucault zwar einige der von Durkheim aufgeworfen Fragen aufgreift, aber darauf völlig andere Antworten gibt. Durkheim analysierte am Beispiel der australischen Ureinwohner die Wissenssysteme als Ausdruck sozialer Hierarchien und Strukturierungen (vgl. DURKHEIM 1981; EGGER 2008).[6] Foucault dagegen lehnt eindeutige Kausalitäten und Funktionalitäten ab; er fragt nach dem Entstehen, dem Gebrauch, den Effekten, dem Wandel und den Ersetzungen von Wissensregimen – den Unterscheidungen von Wahnsinn und Vernunft, von gesund und krank, von moralisch guter und schlechter Sexualität – in konkreten ge-

6 Ludwik Fleck (1980) veröffentlichte bereits in den frühen 1930er-Jahren eine eindrucksvolle Studie der sozialen Entwicklung einer wissenschaftlichen Tatsache, die an Durkheim anschloss.

sellschaftlichen Praxisfeldern. Auch in anderer Hinsicht findet sich ein deutlicher Unterschied. Foucaults Interesse, seine Sorge, gilt gerade nicht den Fragen nach der gesellschaftlichen Integration und der Sicherung der moralischen Grundlagen des gesellschaftlichen Zusammenhaltes, die Émile Durkheim (und schon zuvor Auguste Comte) beschäftigten. Für ihn lässt sich das Gegenteil behaupten: Er will in kritischer Absicht ›Evidenzen‹ zerstören und dazu anstiften, ›anders zu denken‹. Dazu untersuchte er die neuere Geschichte und die europäische bzw. die französische Wissenskultur. Gegen Fortschrittsperspektiven, welche die Entwicklung beispielsweise des medizinischen Wissens als stetigen Rationalitätszuwachs beschrieben, konzentrierte er sich auf unbeabsichtigte Folgen gesellschaftlicher ›Problembearbeitungen‹. Darin verortet er die Mechanismen der historischen Veränderung und Transformation von Wissen-Macht-Beziehungen, deren Folgen bis in unsere Gegenwart reichen. Die Gegenstände, mit denen er sich in diesem Zusammenhang beschäftigte, haben einen gemeinsamen Fluchtpunkt. Sie stellen Mosaiksteine zur Beantwortung von Grundfragen bereit, mit denen sich Foucault zeit seines Lebens befasste: Woher rührt die Art und Weise, wie ›moderne‹ Menschen sich heute als wahrnehmende, fühlende, denkende, handelnde Individuen erfahren? Wie wird ›der Mensch‹ zum *Subjekt und Objekt* von wissenschaftlichen und anderen Erkenntnisprozessen? Inwiefern können im historischen Prozess unterschiedliche Erfahrungsformen herausgearbeitet werden, und durch welches Wissen werden sie ermöglicht? Die Frage nach dem Wissen ist für Foucault untrennbar mit derjenigen nach der Macht verbunden, nach den gesellschaftlichen Kämpfen um die Wahrheit und die Etablierung von Wissens sowie Praxisformen in der Abfolge gesellschaftlicher *Wahrheitsspiele*.

Die Originalität und Relevanz der Foucault'schen Perspektive für wissenssoziologische Fragestellungen liegt zum einen in seinem disziplinären Grenzgängertum, das philosophische Fragen durch empirische Problemstellungen ersetzt und mit geschichts- und sozialwissenschaftlichen Mitteln bearbeitet. Sie liegt zum anderen in seiner Vorgehensweise bei der empirischen Analyse der verflochtenen gesellschaftlichen Machtbeziehungen und Wissensentwicklungen. Diese Untersuchungen setzen – ähnlich wie die Forschungsstrategien qualitativer Sozialforschung – gleichsam ›unten‹, auf der Ebene institutioneller und diskursiver Praktiken an, und entwickeln von da aus Konzepte mit weitreichendem Diagnosegehalt. Foucault nimmt einen Bereich des Wissens in den Blick, der weit über das engere Feld der sozialwissenschaftlichen Wissenschaftsforschung hinausreicht, sich aber auch nicht mit den Phänomenen des ›Jedermann-Wissens‹ (BERGER/LUCKMANN 2003; HITZLER/REICHERTZ/SCHRÖER 1999) oder Alltagswissens begnügt. Damit ermöglicht er einen umfassenden Zugriff auf Prozesse der gesellschaftlichen Produktion und Zirkulation von Wissen in seiner Verknüpfung mit sozialen Praktiken, die bislang kaum Gegenstand der Wissenssoziologie gewesen sind. Die vorliegende Einführung kann und will keine umfassende Darstellung seines Gesamtwerkes bieten; dazu muss auf die weiterführenden Hinweise im Literaturverzeichnis und die Originalschriften verwiesen werden. Im anschließenden Kapitel II werden zunächst Foucaults Lebensweg und der zeitgenössische Kontext seines Denkens vorgestellt. Kapitel III erläutert den Hintergrund seiner Fragestellungen, die ihn von der Philosophie weg und hin zu einer ›empirischen‹ Analyseperspektive führen. Die Vorgehensweise sowie zentrale Konzepte Foucaults werden in Kapitel IV diskutiert. Kapitel V beschäftigt sich mit den empirischen Studien, die zu einer Wissenssoziologie der modernen Subjekte beitragen. Das abschließende Kapitel VI beleuchtet Foucaults gegenwärtige Bedeutung.

Am Ende dieser einführenden Bemerkungen muss noch auf einen misslichen Umstand hingewiesen werden: Die Zitationslage zu Foucault ist kompliziert. Er hat ein umfangreiches Werk aus Büchern, posthumen Vorlesungsmitschriften und weltweit gestreuten kleineren Texten hinterlassen. Letztere sind in der deutschen Ausgabe der *Schriften* (2001ff.) enthalten, allerdings in Übersetzungen, die von existierenden älteren deutschsprachigen Veröffentlichungen abweichen. Im vorliegenden Buch wird überwiegend nach diesen Neuübersetzungen zitiert; sofern auf ältere Versionen Bezug genommen wurde, hat dies pragmatische Gründe. Auch die Bücher Foucaults stimmen in ihren verschiedenen Auflagen und Übersetzungen nicht überein; mitunter wurden einzelne Kapitel weggelassen, Vorworte für Neuauflagen und Übersetzungen hinzugefügt oder Texte stark redigiert. Übersetzungen in andere Sprachen – insbesondere ins wahlweise amerikanische oder britische Englisch – wählten mitunter Begriffe, die dem französischen Original nicht wirklich entsprachen und neue Assoziationen erzeugten, welche zur Konfusion beitrugen. So wurde ›dispositif‹ häufig als ›apparatus‹ übersetzt, ein Begriff, der eher für Louis Althussers Konzept der ›Staatsapparate‹ passt. Die Vorlesung *Die Ordnung des Diskurses* wurde im Englischen als *The Discourse on Language* veröffentlicht. Kommentierungen in der Sekundärliteratur beziehen sich mitunter auf französische Textversionen, die in Übersetzungen nie verfügbar waren. Zumindest im vorliegenden Band sollten jedoch alle Verweise eindeutig zuordenbar sein.

II. Leben und Zeitkontext

Vielleicht lässt sich, wie Didier Eribon schreibt, Foucaults Leben und Werk durch einen Satz des französischen Poeten René Char begreifen, mit dem er Anfang der 1960er-Jahre die französische Originalausgabe seiner Habilitationsschrift über die *Geschichte des Wahns im Zeitalter der Vernunft* einleitete: »Entwickelt eure rechtmäßige Fremdheit« (ERIBON 1991: 13; hier zit. nach FOUCAULT 2001g; vgl. CHAR 1983). Diese Aufforderung wäre demnach, in all ihren Schattierungen, Prinzip seiner eigenen Lebensführung, seiner intellektuellen Anstrengungen, seiner empirischen Sensibilität und seines politischen Engagements. Beginnen wir zunächst mit dem Lebensweg.[7] Foucault gab verschiedentlich zur Auskunft, er interessiere sich in seiner wissenschaftlichen Arbeit für Dinge, die mit seinem Leben zu tun hätten, die ihn in je unterschiedlicher Weise und aus ebenso unterschiedlichen Gründen berührten:

> »Wenn ich mich an eine theoretische Arbeit gemacht habe, geschah das stets auf der Basis meiner eigenen Erfahrung und im Zusammenhang mit Prozessen, die vor meinen Augen abliefen. Weil ich in den Dingen, die ich sah, in den Institutionen, mit denen ich zu tun hatte, und in meinen Beziehungen zu anderen Risse, versteckte Erschütterungen oder Dysfunktionen zu erkennen glaubte, begann ich mit Arbeiten, die gleichsam Fragmente einer Autobiographie darstellten« (FOUCAULT 2005b: 223).

7 Gute Einstiege bieten nach wie vor Eribon (1991) und Macey (1993). Weitere Porträts von Freundschaften, lebensgeschichtlichen Ereignissen und Werkbeziehungen enthalten die Bände Eribon (1998) und Schmid (1991).

Das gilt etwa für die Medizin. Paul-Michel Foucault wird am 15. Oktober 1926 in der französischen Kleinstadt Poitiers als zweites Kind einer großbürgerlichen, wohlhabenden Medizinerfamilie geboren. Sein Vater, Paul-André Foucault, war ein lokal angesehener Chirurg und lehrender Anatom; bereits der Großvater und auch schon der Urgroßvater arbeiteten als Ärzte. Seine Mutter stammte ihrerseits aus einer Chirurgenfamilie und hätte gerne Medizin studiert. Foucaults Kindheit und Jugend in Poitiers stehen, nach einigen sorgenfreien Jahren, unter dem Eindruck des drohenden Krieges und des Einmarsches deutscher Soldaten. Foucaults Philosophielehrer wird wegen Beteiligung am Widerstand deportiert, das schulische Leben insgesamt leidet unter der Besatzung, zuletzt wird Poitiers 1944 von den Alliierten bombardiert. Foucault absolviert trotz der Kriegswirren eine überwiegend von Auszeichnungen begleitete Schulkarriere. Gegen die Erwartungen insbesondere des Vaters, der Sohn möge danach ebenfalls eine Medizinerlaufbahn einschlagen, entscheidet er sich 1943 für das Philosophiestudium an der *École Normale Supérieure* (ENS) in Paris. Dem liegt kein bewusstes Interesse an der Philosophie zugrunde, sondern die Faszination an der Möglichkeit, sich in einem geschützten intellektuellen Milieu mit ›Wissen‹ beschäftigen zu können (vgl. FOUCAULT 2005a: 646). Dafür wählt er den geeigneten Ort. Es handelt sich um die berühmte *Rue d'Ulm,* die Ausbildungsstätte der männlichen intellektuellen Elite Frankreichs, gegründet 1794, ein Produkt der französischen Revolution. Die *Rue d'Ulm* ist die Renommierteste der prestigeträchtigen *Grandes Ecoles*, zu denen auch die *École Nationale d'Administration* (ENA), die *École Polytechnique* oder die *École des Mines* gehören. Diese Hochschulen sind von den Universitäten unabhängig und unterstehen direkt den verschiedenen Ministerien. Sie haben ausgezeichnete Studienbedingungen sowie eigene Studiengänge und Abschlüsse. Jedes Jahr werden nur wenige ausgewählte Studierende zugelassen, die zuvor in einem Aufnahmewettbewerb (›Concours‹) ihre Leistungen unter Beweis stellen müssen. Nach ihrer Aufnahme stellt die *École* eine Unterkunft, und die Studierenden erhalten als ›Beamte auf Widerruf‹ ein Gehalt. Aus ihnen rekrutieren sich die Führungseliten des Landes. Die Schulen pflegen den Korpsgeist, einen spezifischen Habitus und die Beziehungen zu ›Ehemaligen‹. Ihr erfolgreicher Abschluss kommt einer äußerst wirkungsvollen Karriereempfehlung gleich (SCHWIBS 1991: 503). Die Absolventen der *Rue d'Ulm* werden als *Normaliens* bezeichnet. Dazu gehörten neben Foucault auch Soziologen wie Raymond Aron, Pierre Bourdieu, Raymond Boudon, Émile Durkheim, Jean-Claude Passeron oder Alain Touraine, Philosophen wie Jacques Derrida, Gilles Deleuze, Georges Canguilhem, Jean-François Lyotard, Maurice Merleau-Ponty oder Jean-Paul Sartre und viele andere mehr (SCHWIBS 1991; vgl. BOURDIEU 2004).

Der Schritt aus der französischen Provinz an die Pariser Elitehochschule ist selten einfach. Nur wenigen gelingt der große Sprung; Foucault ist zunächst nicht darunter. Nach einem ersten Scheitern an der Aufnahmeprüfung verlässt er im Herbst 1945 Poitiers und schreibt sich in die Vorbereitungsklasse am berühmten Pariser Gymnasium *Henri-IV* ein. Als sich Foucault dem Wettbewerb zum zweiten Mal stellt, vergibt die *Rue d'Ulm* insgesamt 38 Plätze für Geisteswissenschaften; allein im Pariser *Henri-IV* konkurrieren 50 Schüler (ERIBON 1991: 39ff.). Foucault schafft nun nicht nur die Prüfung, die Zeit am *Henri-IV* sollte auch in anderer Hinsicht für ihn wichtig werden: Hier lernt er den Philosophen und Hegelspezialisten Jean Hyppolite kennen, der für seine spätere Karriere von entscheidender Bedeutung sein wird, dessen Nachfolger am *Collège de France* er 1970 werden und dem er seine dortige Antrittsvorlesung widmen wird (ERIBON 1991: 42). Hyppolites Vorlesungen über die *Phänomenologie des Geistes* des deutschen Philosophen Georg Wilhelm Friedrich Hegel hinterlassen bei Foucault einen nachhaltigen Eindruck, obwohl Hyppolite nur zwei Monate am *Henri-IV* unterrichtet und dann an die Universität Straßburg gerufen wird. Sie wecken seine Begeisterung für die Philosophie, für eine Disziplin also, deren Wertschätzung in der französischen Nachkriegsöffentlichkeit kaum hoch genug angesetzt werden kann. Dafür war der Kult um Jean-Paul Sartre der deutlichste Indikator. Durch Hyppolites Übersetzung und Kommentierung der *Phänomenologie* mitbefördert, erlebt das philosophische Frankreich einen Triumphzug des ›Hegelianismus‹. Hegel wird seit Ende des Krieges als »Begründer der philosophischen Moderne« (ERIBON 1991: 46) gelesen und bereitet die wenig später einsetzende Begeisterung für den Marxismus vor. Um die Schlüsselrolle von Hyppolite und weiteren, später wichtigen Personen – vor allem Georges Canguilhem, Georges Dumézil und Jules Vuillemin – für Foucaults Karriere einschätzen zu können, ist ein Blick auf die Funktionsweise des französischen akademischen Feldes hilfreich (BOURDIEU 2004). Die hohe Konzentration der intellektuellen Eliten an einem Ort – Paris – und die hierarchische Struktur des französischen Bildungswesens mit seinen Eliteinstitutionen schaffen institutionelle Schlüsselpositionen, deren Inhaber durch Prüfungen und Empfehlungsschreiben über zahlreiche wissenschaftliche und intellektuelle Schicksale entscheiden.

Nicolaus Sombart beschreibt diese Konstellation literarisch-soziologisch für die frühen 1950er-Jahre als clanartiges

> »Kartell ›Literatur und Philosophie‹ [...] ein geschlossener Regelkreis mit eigenen Funktionen, ohne Zentrum und Spitze, mit einer erbarmungslosen Hackordnung, seinem subtilen Protokoll und seinen Ritualen [...] angesiedelt zwischen Universität, Verlagen, Zeitschriften, Académie Française [...] *Collège de France* und einer Reihe von Salons [...] Soziologisch eine Gruppe flukturierend in ihrer Zusammensetzung, aber mit genauen Zugehörigkeitskriterien, ein Club – so exklusiv wie der Jockeyclub, ein ›network‹. [...] Der Clan [eine Bezeichnung von Jean-Paul Aron, Anm. RK] rekrutiert sich aus allen Schichten der Bevölkerung. Der Sohn eines kleinen Schullehrers aus der Provinz, der Industriellensohn aus dem Norden [...], der Sohn eines Offiziers aus Besançon, eines Magistrats [...] Schulbildungen, Cliquen, Bettgeschichten, Filiationen, ideologische Kämpfe, philosophische Kontroversen, Intrigen, Rivalitäten, Todfeindschaften, Exkommunikationen, Heiligsprechungen, Verschwörungen, Flüsterkampagnen: [...] in diesem Klima, in dieser

hochgeladenen Atmosphäre wird darüber befunden, was veröffentlicht wird und was nicht, welche Ideen diskutiert werden und welche nicht, wer welchen Preis und welchen Posten und welche Kritik bekommen wird und wer nicht. Hier werden die geistigen Moden lanciert« (SOMBART 1995: 217f.; vgl. ARON 1984).

Ein kleines Beispiel aus dem Leben Foucaults: Sein Vater operierte in Poitiers den Regierungsbeamten Jean Piel und den Maler André Masson; sie hatten zwei von vier Schwestern geheiratet; die dritte war mit Georges Bataille verehelicht und heiratete später Jacques Lacan. 1962 bittet Piel Foucault, die Herausgeberschaft der von Bataille gegründeten Zeitschrift *Critique* mit zu übernehmen; Foucault wird dann auch dessen gesammelte Werke herausgeben (MACEY 1993: 16).

Bei der nunmehr bestandenen Aufnahmeprüfung an der ENS im Frühjahr 1946 trifft Foucault erstmals auf eine zweite Person, die eine zentrale Rolle in seiner Laufbahn spielt: den Wissenschaftsphilosophen und -historiker Georges Canguilhem. Canguilhem hatte Philosophie und Medizin studiert und die *École* 1924 im Jahrgang von Jean-Paul Sartre und Raymond Aron absolviert. Im Krieg ist er in der *Résistance* aktiv, lehrt an der Universität Straßburg und wird dann Generalinspektor des nationalen Bildungswesens in Frankreich. 1955 übernimmt er an der Pariser Traditionsuniversität Sorbonne die Nachfolge des Wissenschaftsphilosophen Gaston Bachelard. Canguilhem hat einige einflussreiche wissenschaftshistorische Arbeiten zur Geschichte der Medizin und der Biologie verfasst, die eine neue Sicht der Wissenschaftsgeschichte begründen. Er spielt eine wichtige Rolle im Netzwerk der französischen Nachkriegsphilosophie und -soziologie. Zusammen mit einem Kollegen nimmt er Foucaults mündliche Aufnahmeprüfung ab. Im Herbst 1946 beginnt Letzterer sein Studium der Philosophie; wenig später kommt die Psychologie hinzu.

Das Leben in der kargen, klösterlich-tristen Enge dieser philosophischen Lehranstalt mit ihren kleinen, häufig mehrfach belegten Zimmern fällt Foucault nicht leicht. Zwar schließt er einige lang anhaltende Freundschaften (beispielsweise zu

Louis Althusser, Roland Barthes, Pierre Bourdieu, Paul Veyne, Maurice Pinguet), aber bestimmend scheinen seine Probleme mit den Regeln und der Präsenz des Gemeinschaftslebens. Er wird als bisweilen exzentrischer Einzelgänger beschrieben, der zudem – selbst homosexuell – unter der gesellschaftlichen Ächtung der Homosexualität im damaligen Frankreich leidet. Foucault flüchtet sich in Arbeit und Alkoholkonsum; er unternimmt mehrere Selbstmordversuche, macht eine Entziehungskur und begibt sich kurzzeitig in psychiatrische Behandlung. Anfang der 1950er-Jahre scherzte er, er würde später einen ›Lehrstuhl für Wahnsinn‹ am *Collège de France* übernehmen (ERIBON 1998: 117). Es sind wohl dieser Lebenskontext, diese Erfahrungen, die seinem damals einsetzenden Interesse an der Psychologie, der Grenzziehung zwischen Vernunft und Wahnsinn zugrunde liegen.

Inhaltlich beschäftigt sich Foucault in dieser Zeit u. a. mit den von ihm teilweise im Original gelesenen neueren Klassikern der deutschen Philosophie, also mit Georg Wilhelm Friedrich Hegel, Edmund Husserl, Martin Heidegger, Karl Jaspers, Immanuel Kant, Karl Marx, aber auch mit der Wissenschaftsphilosophie von Gaston Bachelard u. a., er hört Vorlesungen bei Maurice Merleau-Ponty, der in das Denken von Ferdinand de Saussure einführt, bei Jean Beaufret, der Heidegger vorstellt, bei Jean Desanti, der die Vermittlung von Marxismus und Phänomenologie verfolgt, studiert auch die Psychoanalyse von Sigmund Freud, nimmt an Veranstaltungen von Jacques Lacan teil, sitzt in Vorlesungen des Psychologen Daniel Lagache und folgt den Einführungen in die Psychopathologie von Georges Gusdorf, der, wie später dann Louis Althusser, für die *Normaliens* Besuche in psychiatrischen Kliniken organisiert. Dort werden Kranke dem studentischen Publikum als exemplarische Fälle vorgeführt, diagnostiziert und behandelt. Auf der ›musischen‹ Seite werden die Lektüre von Franz Kafka wichtig, auch Hermann Hesse, Jean Genet, Maurice Blanchot, Georges Bataille, René Char, die Surrealisten, Raymond Roussel, die Musik Jean Barraqués und Pierre Boulez', das Theater

Samuel Becketts u. a. Im Sommer 1953 vertieft sich Foucault in die Schriften Friedrich Nietzsches, die sein weiteres philosophisches Arbeiten grundlegend beeinflussen sollten. Das alles schreibt sich ein in eine zunehmend starke Abneigung gegen den damaligen Starphilosophen der Pariser Szene, Jean-Paul Sartre. So erläutert er in einem Interview:

> »Die Wende brachte die Lektüre eines Aufsatzes über Bataille, den Sartre vor dem Krieg geschrieben hatte und den ich nach dem Krieg las; er war so sehr von Unverständnis, Ungerechtigkeit und Arroganz, von Gehässigkeit und Aggressivität geprägt, dass ich von da an unwiderruflich für Bataille und gegen Sartre war« (zit. nach DEFERT 2001: 25).

Die Gegnerschaft Sartre – Foucault sollte in den 1960er-Jahren, von Sartre und seinen Mitstreitern vorangetrieben, zu einem öffentlichen Intellektuellendisput avancieren, bevor sich beide, Jahre später und Seite an Seite in politischen Engagements wieder begegneten.

1948 erwirbt Foucault an der Sorbonne einen ersten Universitätsabschluss in Philosophie, ein Jahr später folgt die *Licence* in Psychologie, wiederum drei Jahre später ein Diplom in Psychopathologie. Zwischen Philosophie und Psychologie gibt es zu dieser Zeit viele Berührungspunkte; die Psychologie ist weithin Gegenstand philosophischer Reflexionen. Foucault tritt, wie viele *Normaliens*, 1950 auf Anregung seines Freundes Althusser, aber ohne größere innere Überzeugung, kurzzeitig in die *Kommunistische Partei Frankreichs* (KPF) ein, bald darauf wieder aus. Er hatte sich nie in Einklang mit ihren politischen Positionen und Denk-Reglements insbesondere im Hinblick auf den Stalinismus gesehen. Der etwas ältere Althusser ist sein Tutor, mit der Aufgabe betraut, ihn und andere auf die nächsten Prüfungen vorzubereiten. Im selben Jahr scheitert Foucault bei der Zulassungsprüfung zum Lehramt an höheren Schulen, der *Agrégation*. Zwar besteht er den schriftlichen Teil, unter anderem mit der Aufgabe, das Werk von Auguste Comte zu erläutern. Doch in den mündlichen Prüfungen fällt er durch. Ein Jahr später absolviert er sie erneut und diesmal erfolgreich; durch Zufallsauswahl muss er vor dem Prüfungsausschuss, dem auch Jean Hyppolite angehört, ein von Georges Canguilhem gestelltes Thema bearbeiten: ›Sexualität‹. Danach ist der Schuldienst an einem Gymnasium vorgesehen. Doch Foucault entzieht sich diesem üblichen Karriereschritt durch ein Stipendium der *Fondation Thiers*, einer Stiftung, deren Gelder hervorragenden Studierenden die Abfassung einer Habilitationsschrift ermöglichen soll. Er beginnt dazu mit einer nie fertig gestellten Studie über die cartesianische Tradition und die Entwicklung der Psychologie.

Ab Oktober 1951 hält Foucault als Tutor für Psychologie erste eigene Lehrveranstaltungen für jüngere Studierende. Bereits ein Jahr später gibt er sein Stipendium auf, bleibt zwar Tutor in der *Rue d'Ulm*, wechselt jedoch auf eine Assistentenstelle für Psychologie an die Universität Lille und lebt fortan als Pendler. Empfohlen wurde er für diese Stelle von Jules Vuillemin, einem Philosophen, der sich u.a. für Wissenschafts- und Philosophiegeschichte interessierte und in der Tradition Gaston Bachelards stand. Vuillemin, seinerseits ein enger Vertrauter von Maurice Merleau-Ponty, war ein Freund Althussers und ebenfalls Absolvent der *Rue d'Ulm*. Auch er gehört zu den Personen, die in Foucaults Karriere eine Schlüsselrolle spielen. Foucault lehrt in Lille Psychologie für Philosophiestudierende. In dieser Zeit interessiert er sich vor allem für die experimentelle Psychologie, beispielsweise den Rorschach-Test, und erwirbt auch hier ein Diplom. Zudem hilft er einer langjährigen Bekannten seiner Eltern, Jacqueline Verdeaux, und deren Ehemann, der gerade bei Jacques Lacan seine Doktorarbeit absolviert hatte, bei der Durchführung elektroenzephalografischer Experimente im Pariser psychiatrischen Krankenhaus Saint-Annes und in einem Gefängnis in Fresnes. Gemessen werden dabei z.B. die Hirnströme von Patienten bei bestimmten Reizzuständen.

Jacqueline Verdeaux ist in diesen Jahren eine wichtige Gesprächspartnerin Foucaults. Gemeinsam mit ihrem Ehemann Georges Verdeaux besuchen sie im März 1954 den psychiatrischen Anstaltskarneval im schweizerischen Münsterlingen am Bodensee, das zum Bezirk Kreuzlingen gehört, wo Ludwig Binswanger praktizierte. Das gemeinsame Feiern von Insassen und Personal beeindruckte Foucault wohl sehr, ebenso wie die dortigen Behandlungsmethoden. Der Klinikbesuch hinterließ zahlreiche Eindrücke (vgl. BERT/BOSSA 2015). In ihren Diskussionen schlägt Verdeaux ihm zwei (nicht realisierte) Buchprojekte vor, eine Geschichte des Todes und eine Geschichte der Psychiatrie. Sie organisiert dafür sogar Verlagsverträge. Umgekehrt unterstützt Foucault sie bei der französischen Übersetzung von Binswangers Buch *Daseinsanalyse*, das stark von Heidegger inspiriert ist. Schon vorher hatte Foucault selbst Binswanger-Texte übersetzt, allerdings ohne sie zu veröffentlichen. Foucault verfasst für das Buch ein 130 Seiten langes Vorwort. Er schreibt auch einen Lexikonbeitrag über die Geschichte der Psychologie sowie sein erstes Buch *Maladie Mentale et personnalité,* eine Diskussion von Entwicklung und Ansätzen der Psychologie und Psychopathologie, u. a. der Pawlow'schen Reflextheorie, die marxistische Anklänge hatte: »Wahre Psychologie« müsse darauf zielen, so schreibt Foucault, »den Menschen von seiner Entfremdung zu befreien« (zit. nach DEFERT 2001: 25; vgl. auch die Abdrucke im ersten Band der *Schriften*). Foucault wird das Buch später für eine Neuveröffentlichung komplett überarbeiten und das Kapitel über Pawlow entfernen. Unter anderem enthält die überarbeitete Fassung Diskussionen zu Freud, eine kurze Kritik des statistischen Pathologie-Verständnisses von Émile Durkheim und einen Ausblick auf den geschichtlichen Zusammenhang von Wahnsinn und Kultur (FOUCAULT 1970).

Foucault verbringt die zweite Hälfte der 1950er-Jahre außerhalb Frankreichs, in Distanz zum gesellschaftlichen Konservatismus und den politischen Verwicklungen der *Vierten Republik*, zum Algerienkrieg, den häufigen Regierungswechseln und der Rückkehr von Charles de Gaulle in das Amt des Ministerpräsidenten. Im August 1955 tritt er in Schweden an der *Universität Uppsala* die Stelle eines Französischlektors an, für die ihn der vergleichende Religions- und Kulturhistoriker Georges Dumézil vorgeschlagen hatte. Mit Dumézil beginnt der Kontakt zur vierten Schlüsselperson der Foucault'schen Karriere (vgl. ERIBON 1998: 117-171). Georges Dumézil hatte selbst die ENS absolviert und in den Jahren 1933-1935 die Lektorenstelle in Uppsala innegehabt. 1948 war er ans *Collège de France* auf einen Lehrstuhl für ›Indo-Europäische Zivilisation‹ berufen worden. In seinem umfangreichen Werk beschäftigte er sich in vergleichender Perspektive mit den Mythen und Religionen der indo-europäischen Tradition (DUMÉZIL 1987, 1989). Kollegen aus Uppsala baten ihn um einen Vorschlag für die Besetzung des freien Postens; ein Freund hatte ihm zuvor von Foucault erzählt. Dumézil, der Foucault noch nicht persönlich kennt, schreibt ihm einen Brief und kurz darauf, nachdem er sich noch etwas in der Sache engagiert hat, ist das Vorhaben unter Dach und Fach. Es ist zugleich der Beginn einer lebenslangen Freundschaft.

Foucaults Auftreten als Organisator des französischen Kulturlebens in Uppsala ist äußerst eindrucksvoll. Seine auffällige Kleidung und sein Benehmen lassen ihn zum Stadtgespräch werden, während er im beigefarbenen Jaguar zwischen Stockholm und Paris Geschwindigkeitsrekorde aufstellt. Foucault lädt bekannte Literaten und Wissenschaftler aus Frankreich ein, hält Vorträge über französisches Theater und die Liebe in den französischen Skandalschriften des Marquis de Sade oder bei Jean Genet. Vor allem aber arbeitet er in der ausgezeichneten Universitätsbibliothek an der Studie über die *Geschichte des Wahnsinns im klassischen Zeitalter*, die den größeren Teil seiner Doktorarbeit ausmacht. Darin beschäftigt sich Foucault mit alltäglichen und institutionellen Praktiken sowie mit Diskursen, die sich auf die Bedeutung und Unterscheidung von Wahnsinn und Vernunft beziehen. Es ist die erste empirische Annäherung an sein Lebensthema, die Frage nach der gesellschaftlich-historischen Konstitution von ›Subjekten‹. Zunächst bemüht er sich um eine Annahme der Arbeit in Schweden, findet dort jedoch keine Unterstützung für seine historische Herangehensweise an den schwierigen Gegenstand. Deswegen orientiert er sich zurück nach Frankreich. Eine für die Professorenlaufbahn qualifizierende Doktorarbeit (*Thèse*), der deutschen Habilitation vergleichbar, bestand damals in Frankreich aus zwei Teilen. Foucault übersetzt als zweiten Bestandteil Kants *Anthropologie in pragmatischer Hinsicht* und schreibt dazu eine kommentierende Einleitung *Genèse et Structure de L'Anthropologie de Kant* (*Genese und Struktur der »Anthropologie« von Kant*), die erst 2010 erschien (FOUCAULT 2010). Ende 1957 empfiehlt ihm Jean Hyppolite, der ein erstes Manuskript der *Geschichte des Wahnsinns* gelesen hatte und zwischenzeitlich Direktor der *Rue d'Ulm* geworden war, Georges Canguilhem als Hauptgutachter und Betreuer anzufragen. 1958 verlässt Foucault Schweden und geht, wiederum mit Hilfe Dumézils, an die Warschauer Universität, wo er ein französisches Kulturzentrum aufbauen soll. Dort beendet er seine Haupt-*Thèse* über den Wahnsinn. Im folgenden Jahr übernimmt er die Leitung des französischen Kulturinstituts in Hamburg, wo er das Vorwort zur Studie über den Wahnsinn schreibt.

Obwohl das Habilitationsverfahren noch nicht abgeschlossen ist, kehrt Foucault 1960 in die akademische Welt und ein modernisiertes Frankreich zurück, in dem die Auseinandersetzungen um den Algerienkrieg auf der Tagesordnung stehen, aber auch die Filme der ›Nouvelle Vague‹ ein neues Lebensgefühl ausrufen. Er nimmt erneut das Pendlerschicksal der französischen Akademiker auf sich, die in der ›Provinz‹ lehren, aber in Paris leben. An der philosophischen Fakultät der Universität Clermont-Ferrand, die nunmehr von Jules Vuillemin geleitet wird, erhält er durch Kontakte zwischen Althusser, Canguilhem und Vuillemin eine Stelle als Lehrbeauftragter zur Vertretung eines Philosophielehrstuhles, der mit Lehraufgaben in der Psychologie befasst ist; später wird er diese dann regulär als Professor wahrnehmen. Foucault lernt in dieser Zeit seinen Lebensgefährten, den politisch engagierten Daniel Defert kennen, auch die Freundschaft zu dem Philosophen Gilles Deleuze entsteht. Im Mai 1961 findet an der Pariser Sorbonne die erfolgreiche Disputation von Foucaults *Thèse* statt. Als Mit-Gutachter fungieren Hyppolite (zu *Kant*) und Canguilhem sowie Lagache zur *Histoire de la folie* (*Wahnsinn und Gesellschaft*). Trotz seiner glänzenden Disputation und verschiedenen Empfehlungen gelingt es ihm nicht, die Arbeit bei Gallimard, dem renommiertesten französischen akademisch-intellektuellen Publikationshaus, zu veröffentlichen. Sie wird nach Unterstützung durch Philippe Ariès 1962 bei einem anderen Verlag erscheinen. Die damalige Resonanz ist zwiespältig. Einige Historiker, Literaturkritiker und Philosophen sind begeistert, die Psychologen eher kritisch. Erst im Laufe des Jahrzehnts sollte sich das Buch zu einem zentralen Bezugspunkt der psychiatriekritischen Bewegung entwickeln. In einem Brief schrieb damals Gaston Bachelard kurz vor seinem Tod anerkennend an Foucault, er zeige sich in seiner *Soziologie der Unvernunft* als wirklicher Erkunder des Neuen, der deutlich mache, dass die Wilden mitten unter uns seien (vgl. MACEY 1993: 115).

Foucault veröffentlicht 1963 in kurzer Folge zwei weitere Bücher, eine kleinere, in einer von Canguilhem herausgegebenen Reihe erscheinende Studie über die *Geburt der Klinik. Eine Archäologie des medizinischen Blicks* (FOUCAULT 1976[1963]), die sich dem Praxisfeld seines 1959 gestorbenen Vaters zuwandte, sowie – endlich im Hause Gallimard – einen Essayband über den Schriftsteller *Raymond Roussel* (FOUCAULT 1989[1963], auf dessen Werk er zufällig gestoßen war. Während die *Geburt* die Linie der Foucault'schen Beschäftigungen mit historischen Entwicklungen von institutionellen Wissens- und Praxisfeldern fortsetzt und erstmals den dann häufiger verwendeten Begriff ›Archäologie‹ im Titel führt, handelt es sich bei den Essays über Roussel um einen Ausflug in die Literaturkritik, ein Schreibgenre, zu dem Foucault hin und wieder zurückkehren wird, ohne sich ihm aber systematischer zu widmen. Foucault sagte in einem Interview, dies sei das Buch, das ihm am meisten Freude beim Schreiben bereitet habe; Grund dafür war seine Begeisterung für ein schriftstellerisches Werk, das, wie einige andere zu dieser Zeit, die Grenzen des ›vernünftigen‹ Stils und der akzeptierten Inhalte in Frage stellte und aufhob (FOU-

CAULT 2005c). Roussel steht – wie Georges Bataille u.a. – in einer Linie künstlerischen Schaffens, für das Foucault sich interessiert, weil es die Maßstäbe der bürgerlichen Subjektivität, Vernunft und (Sexual-)Moral überschreitet. Nebenbei ist Foucault in diesen Jahren beratend mit Fragen der Neugestaltung des französischen Hochschulwesens befasst. Verschiedene Vorhaben, aus der Provinz an einen institutionellen Ort in Paris zurückzukehren, scheitern.

Bereits 1965 schließt er die Arbeiten an einem Buch ab, das im April 1966 bei Gallimard unter dem Titel *Les Mots et les Choses. Une Archéologie des Sciences Humaines* (dt. Titel: *Die Ordnung der Dinge*) in Frankreich erscheint. Das Buch gilt als Frontalangriff auf die dominanten philosophischen Strömungen im damaligen Frankreich und begründet seinen Ruhm. Es handele sich um die »größte Revolution in der Philosophie seit dem Existentialismus«, heißt es in einer Buchbesprechung der *Ordnung der Dinge* im *L'Express* vom 23. Mai (zit. nach DEFERT 2001: 41). Foucault analysiert darin gemeinsame Ordnungsmuster des wissenschaftlichen Erkennens und Wissens quer zu wissenschaftlichen Disziplinen und in unterschiedlichen historischen Phasen. Der Skandal dieser Studie besteht u.a. darin, dass er die Deutung der Entwicklung der Humanwissenschaften als lineare Fortschrittsgeschichte bestreitet und ihr nahendes Ende verkündet. Die enorme Resonanz einer Arbeit, mit der Foucault selbst nicht zufrieden war und die er später ironisch als ein »eher marginales« Werk, eine »formale Übung« ohne Leidenschaft bezeichnen wird (FOUCAULT 1996), lässt sich durch das Zusammenfließen verschiedener Bewegungen in der französischen Intellektuellenszene erklären. Dazu zählen die seit Ende der 1950er-Jahre in Frankreich durch den Strukturalismus präsente Herausforderung der dominierenden Philosophie Sartres, die Auseinandersetzungen um die Dogmatik eines erstarrten Marxismus und die sich ankündigenden Wellen der 1968er-Bewegung. Foucaults Buch wird als Höhepunkt des Strukturalismus gelesen.

Mit diesem Begriff wird eine äußerst erfolgreiche Denkbewegung im damaligen Frankreich mit unterschiedlichem disziplinären Hintergrund bezeichnet.[8] Bei den Vertretern dieser intellektuellen Strömung handelt es sich insbesondere um den Ethnologen und Anthropologen Claude Lévi-Strauss, den Psychoanalytiker Jacques Lacan, den Literaturkritiker Roland Barthes, den marxistischen Philosophen Louis Althusser und einige andere mehr. Zwischen deren Werken bestehen wenige Gemeinsamkeiten, wenn man von dem der Linguistik von Ferdinand de Saussure entlehnten Begriff der ›Struktur‹ absieht, in den Überlegungen Durkheims eingeflossen waren. Damit weisen sie auf emergente Ordnungsebenen individueller und gesellschaftlich-kultureller Phänomene hin, die sich dem direkten Zugriff des Bewusstseins entziehen. Insoweit ist dieser Begriff der Struktur weitgehend mit demjenigen des ›Systems‹ deckungsgleich, zumindest nach Einschätzung Foucaults:

> »Die Art, wie die Menschen denken, schreiben, urteilen, sprechen (selbst auf der Straße, im Gespräch, in den alltäglichsten Formen des Schreibens), aber auch die Art und Weise, in der die Leute die Dinge prüfen, in der ihr Empfindungsvermögen reagiert, ihr ganzes Verhalten wird von einer theoretischen Struktur gesteuert, von einem System, das sich mit der Zeit und von Gesellschaft zu Gesellschaft verändert, aber zu allen Zeiten und in allen Gesellschaften präsent ist. [Frage der Interviewerin: Sartre hat uns die Freiheit gelehrt. Sagen Sie nun, dass es keine wirkliche Freiheit im Denken

8 Diesen Erfolg verdankte der Strukturalismus neben seiner augenscheinlichen Attraktivität als einer neuen, nicht-marxistischen Theorieposition mit weitreichendem Anspruch, die anbot, aus der Sackgasse der damaligen Auseinandersetzungen über Marxismus und Stalinismus zu führen, auch der durch Claude Lévi-Strauss verkörperten Attacke gegen die Deutungshoheit der Philosophie – die Position Sartres schien ihm abschätzig bloße ›Mythologie‹. Damit war ein mit großer Verve vorgetragenes Anliegen verbunden, philosophische Analysen durch ein strenges wissenschaftliches, empirisches Programm zu ersetzen (vgl. dazu DOSSE 1996, 1997). Dieser Angriff ›wiederholt‹ eine Konfrontation, die schon einmal, Anfang des Jahrhunderts, zwischen dem ungeliebten Neuankömmling aus der Provinz, der Soziologie in Gestalt Durkheims, und den etablierten Pariser Philosophen ausgefochten worden war (LEPENIES 1985; BOURDIEU/PASSERON 1981).

gibt?] Wir denken stets innerhalb eines anonymen, zwingenden Gedankensystems, das einer Zeit und einer Sprache angehört. [...] Es bildet die Grundlage, auf der unser ›freies‹ Denken entsteht und für einen kurzen Moment funkelt [...]« (FOUCAULT 2001e: 666).

Foucault kokettierte sporadisch mit dem neuen Etikett. Später distanzierte er sich davon und verwies auf die Heterogenität der darunter versammelten Autoren (FOUCAULT 2005d, 1996; als positive Bezugnahme FOUCAULT 2001m, 2001n).

Das Buchmanuskript zur *Ordnung der Dinge* enthielt noch zahlreiche explizite Angriffe auf Sartre, jenen »Menschen des 19. Jahrhunderts«, der die Hegeltradition zu ihrem Abschluss gebracht habe (FOUCAULT 2001f.). In der veröffentlichten Version fehlen allerdings die direkten Bezüge. Sartre, in dessen Umfeld schon zuvor die Arbeiten Foucaults kritisch beurteilt wurden, fühlt sich dennoch getroffen und formuliert öffentlich eine scharfe Kritik: Foucault ignoriere die Geschichte und damit das eigentlich interessante Problem, wie die Denksysteme sich ablösen. Er gebe nur dem Publikum eine eklektische Synthese dessen, was es erwarte, aber kein ›originäres Denken‹. Letztlich ziele Foucault auf den Marxismus:

»Es handelt sich darum, eine neue Ideologie zu konstituieren, das letzte Bollwerk, das die Bourgeoisie noch gegen Marx errichten kann« (Jean-Paul Sartre antwortet, in *L'Arc* Nr. 30, 1966, zit. nach ERIBON 1991: 254).

Foucault kommentiert dies Jahre später: »Arme Bourgeoisie, wenn sie nur mich als Bollwerk hätte, so hätte sie die Macht längst verloren!« (FOUCAULT 1996: 60). In einem vielbeachteten öffentlichen Artikel ergreift Canguilhem Partei und verteidigt sehr entschieden das Werk Foucaults (ERIBON 1991: 257, vgl. zur Auseinandersetzung Foucault–Sartre ERIBON 1998: 172-191).

Im September 1966 wird Foucault auf eigenen Wunsch nach Tunis versetzt, wo man ihm endlich einen Lehrstuhl für Philosophie anbietet. So wie er die zweite Hälfte der 1950er-Jahre außerhalb Frankreichs und damit in relativer Distanz zu den moralischen Zwängen, intellektuellen Grabenkämpfen und politischen Verwicklungen verbringt, befindet er sich nun in

Tunis fernab der Konflikte des Pariser Mai '68, auch wenn er hin und wieder zu Vorträgen, Diskussionen oder Demonstrationen nach Paris fliegt. Aber er ist in Tunis selbst schon kurz nach seiner Ankunft involviert in die örtlichen Studentenunruhen und unterstützt verfolgte Studentengruppen, stellt ihnen beispielsweise Arbeitsmaterial zum Drucken von Flugblättern zur Verfügung. Von diesen Erfahrungen geht ein ›Politisierungsschub‹ aus: Foucault liest Che Guevara und die Texte der US-amerikanischen Black Panthers (DEFERT 2001: 48f). Der bis dahin ›privatisierende‹ wird zum sich öffentlich bekennenden und einmischenden Linken, zum engagierten Philosophen, »der an allen Fronten eingreift, an der des Handelns wie an der des Denkens« (ERIBON 1991: 297). Er sondiert im Kontakt mit Hyppolite, Canguilhem, auch mit Raymond Aron und Fernand Braudel, mögliche Anstellungen in Paris und kehrt schließlich mit Hilfe Canguilhems Ende 1968 auf eine Professur für Philosophie an der linken Reformuniversität Vincennes zurück, wo er mehrere Studienbereiche mit aufbaut. Auch hier steht er in den begleitenden Protesten auf Seiten der Studierenden, wird verhaftet, verhört, auch von der Polizei verprügelt (ERIBON 1991: 290ff., 318ff.).

Das ganze nächste Jahrzehnt wird diesen neuen Foucault kennen lernen, der neben seiner wissenschaftlichen Arbeit in unterschiedlichsten politischen Aktionen ›auf die Straße geht‹. Anfang der 1970er-Jahre schließt er sich Protestaktionen gegen Rassismus an und marschiert nun Seite an Seite mit Sartre auf Demonstrationen durch das Pariser Schwarzenviertel *Goutte d'Or*. Im Februar 1971 gründet er den *Arbeitskreis zur Information über die Gefängnisse* GIP mit dem Ziel, den Gefangenen ein Sprachrohr und Forum zu schaffen. Politisch setzt er sich mit maoistischen Gruppen auseinander. Wie Sartre ist auch Foucault an der Gründung der unabhängigen linken Tageszeitung *Libération* beteiligt und verfolgt aufmerksam die verschiedenen Protest- und Alternativbewegungen der Zeit. Ende 1977 wird er in West-Berlin zusammen mit Daniel Defert von drei Polizeiwagen umstellt, als er sein Hotel verlässt. Polizisten mit Maschinengewehren filzen sie bei erhobenen Händen, dann werden sie auf die Polizeiwache abgeführt. Die beiden hatten beim Frühstück über ein Buch von Ulrike Meinhof gesprochen. »Wir haben nichts getan [...] Wir hatten einfach nur das Aussehen von Intellektuellen, also von potentiellen Verdächtigen«, kommentiert Foucault im *Spiegel* (zit. nach ERIBON 1991: 373). Er protestiert zusammen mit Yves Montand, Simone Signoret u.a. in Francos Spanien gegen Inhaftierungen von Regimegegnern, nimmt 1978 am Berliner TUNIX-Kongress teil, reist in den Iran, um die Anti-Schah-Bewegung kennenzulernen (die er zunächst begrüßt, bei deren Einschätzung er sich jedoch irrte, wie er selbst später sagte), kämpft 1979 für die vietnamesischen *boat people*. Ende 1981 engagiert er sich mit Pierre Bourdieu für die polnische *Solidarność*. In der Folge plant er mit Bourdieu u.a. weitere politische Einmischungen. 1984 entsteht noch die Idee, er werde das nächste Projekt *Ein-Schiff-für-Vietnam* leiten (ERIBON 1991: 444).

Mit Gilles Deleuze entwickelt Foucault in dieser Zeit gegen Sartres Vorstellung des ›totalen Intellektuellen‹ die Figur des ›spezifischen Intellektuellen‹ (vgl. FOUCAULT 2003d: 210). Während Ersterer vorgeblich über ein überlegenes theoretisches Wissen verfüge, die Richtung der Geschichte kenne und seine öffentliche Deutungsmacht nutze, mischt sich Letzterer als Individuum in ›lokale‹ und begrenzte Kämpfe ein, spricht allerdings nicht für andere, schon gar nicht für oder im Namen eines geschichtlichen Kollektivsubjektes (etwa der Arbeiterklasse), sondern stellt seine Mittel anderen zur Verfügung, damit jene das Wort ergreifen können. Auch Foucaults Bücher werden in politischen Protesten benutzt. Wie *Überwachen und Strafen* im Kontext der Gefängnisinitiativen als politisches Werkzeug dient, so wird *Wahnsinn und Gesellschaft* viele Jahre nach seinem Erscheinen zu einem Referenzwerk der Reformpsychiatrie (vgl. FOUCAULT 2002a, 2002b).

1969 erscheint das nächste, noch in Tunis geschriebene Buch, die *Archäologie des Wissens* (dt. 1988a). Foucault reflektiert darin seine Vorgehensweise der vorangegangenen Studien und bemüht sich um eine zwischen Theorie und Methodologie angesiedelte allgemeine Konzeptualisierung seines Arbeitens. Er stellt den Begriff des ›Diskurses‹ in den Mittelpunkt und wird damit nebenbei zum Mitbegründer der sozialwissenschaftlichen Diskursforschung. Bereits 1966 hatte Hyppolite, mittlerweile selbst am *Collège de France*, mit Vorbereitungen zum Vorschlag der Aufnahme Foucaults in dieses Allerheiligste der französischen Intellektuellenwelt begonnen. Auch Dumézil, der von 1949 bis 1968 ebenfalls am *Collège* gewesen war, setzte sein enormes Prestige ein. Hinzu kommt Fernand Braudel.[9] Nachdem Hyppolite im Herbst 1968 gestorben war, stand am *Collège* ein Lehrstuhl zur Verfügung. Vuillemin, der zwischenzeitlich dort die Nachfolge Merleau-Pontys angetreten hatte, beantragt 1969 in Absprache mit Foucault die Einrichtung eines Lehrstuhls für *Geschichte der Denksysteme*, der mit ihm besetzt werden soll. Doch nicht alle Mitglieder wollen Foucault, der u.a. gegen Paul Ricœur antritt. Im Sommer 1970 wird er dennoch gegen starke Widerstände mit der Mehrheit der Stimmen berufen. Im Dezember des Jahres hält er, gerade vierundvierzig Jahre alt, seine berühmte Antrittsvorlesung über *Die Ordnung des Diskurses* (FOUCAULT 1974b). Darin geht er erstmals stärker auf die Beziehung zwischen Diskurs und ›Macht‹ ein.

Obwohl Foucault politisch sehr aktiv ist und viele Vortragsreisen unternimmt, die ihn bis nach Brasilien, in die USA und nach Japan führen, widmet er sich mit großer Leidenschaft seinen neuen akademischen Aufgaben. Ein Lehrstuhlinhaber am *Collège de France* betreut keine Studierenden, muss keine Prüfungen usw. abhalten, sondern ist nur verpflichtet, in einem vergleichsweise kurzen Vorlesungszyklus Anfang jeden Jahres,

9 Die Aufnahme ist eine schwierige Prozedur: Zunächst muss ein Lehrstuhl durch Emeritierung oder Tod des Inhabers frei werden, dann beschließen die amtierenden Mitglieder des *Collège* die Einrichtung eines neuen Lehrstuhls; im Anschluss daran wird über die Besetzung entschieden. Die delikate Kunst dieses Verfahrens, bei dem immer rivalisierende Interessen aufeinander treffen, besteht darin, die Bezeichnung des zu besetzenden Lehrstuhls so festzulegen, dass letztlich nur die designierte Person als Inhaber in Frage kommt. Entsprechend sind umfangreiche Vorbereitungen im Hintergrund erforderlich.

von Januar bis März, ein neues Arbeitsprojekt vorzustellen. Die Arbeitsbedingungen am *Collège* sind also mehr als vorteilhaft. Die öffentlichen Vorlesungen Foucaults werden zu wichtigen Ereignissen der Pariser Intellektuellenszene. Foucault behandelt darin nicht nur Themen seiner Bücher, sondern auch Gegenstände, die er in seinen Veröffentlichungen nur streift. Er entfaltet zugleich weitere Herausgebertätigkeiten. Hatte er zuvor bereits Schriften Nietzsches und Batailles herausgegeben, so sammelt er nun im Rahmen seiner Recherchen spektakuläre historische Fälle – einen grausamen Mord, der Prozess gegen einen Hermaphroditen, Verhaftungsgesuche in Familien – und editiert sie größtenteils unkommentiert, getreu dem Prinzip, die Dokumente und dadurch die »infamen Menschen«, deren Schicksal ihn berührt habe, selbst sprechen zu lassen (FOUCAULT 2003a). Eines dieser editierten Bücher, *Der Fall Rivière* (FOUCAULT 1975), wird in Frankreich unter verschiedenen Titeln gleich doppelt verfilmt – 1975 von René Allio, 1976 von Christine Lipinska. Im selben Jahr erscheint auch Foucaults bekannteste Studie der 1970er-Jahre, *Überwachen und Strafen. Die Geburt des Gefängnisses* (FOUCAULT 1977). Hier untersucht er historische Veränderungen der Strafprozeduren, insbesondere den Übergang von der Marterung und Tötung von Verurteilten zu ihrer Inhaftierung, Disziplinierung sowie zur gesellschaftlichen Ausweitung von Überwachung und Kontrolle. Wenig später folgt 1976 ein erster Band der Reihe über *Sexualität und Wahrheit* mit dem Titel *Der Wille zum Wissen* (FOUCAULT 1989a). Es handelt sich um eine kurze, programmatische Schrift, die Stellung gegen die Hoffnungen der Alternativbewegung und einiger ihrer Theoretiker bezieht, eine Befreiung der Sexualität käme einem Umsturz des kapitalistischen Herrschaftsgefüges gleich. Foucault verlässt jedoch die Bahn der angekündigten Arbeitsvorhaben. Erst kurz vor seinem Tod erscheinen im Mai 1984 die Folgebände *Der Gebrauch der Lüste* (FOUCAULT 1989b) und *Die Sorge um sich* (FOUCAULT 1989c). Es geht ihm darin nicht mehr um die Frage, wie Subjekte von außen – durch die gesellschaftlichen Macht-Wissens-Beziehungen – konstituiert werden. Ihn interessiert jetzt im Gegenzug die Selbst-Verwirklichung des Subjekts; dazu analysiert er antike Ethiken einer ›guten‹ Lebensführung. Während Foucault bereits unter noch unbestimmten Krankheitssymptomen und Erschöpfungszuständen litt, hatte er noch im Herbst 1983 begonnen, das Buch *Über die Einsamkeit der Sterbenden in unseren Tagen* von Norbert Elias zu übersetzen. Ein vierter Band der Reihe *Sexualität und Wahrheit* mit dem Titel *Die Geständnisse des Fleisches* war zwar weit gediehen, soll aber auf seinen Wunsch hin nicht mehr erscheinen. Er wurde inzwischen allerdings abweichend von seiner Verfügung posthum veröffentlicht (FOUCAULT 2019). Foucault stirbt am 25. Juni 1984 im Alter von 57 Jahren in Paris an AIDS.

III. Hintergründe einer kritischen Geschichte des Denkens

Ein »Philosoph im Geiste der Soziologie«?

Im zeitgenössischen Kontext des Nachkriegs-Frankreichs steht die Soziologie im niedrigen Rang eines empirischen Handwerks, weit unterhalb der Königsdisziplinen Philosophie und Geschichte (POLLACK 1978: 26), zwischen denen sich Foucault bewegt. Der aus der Bourdieu-Schule kommende Soziologe Bernard Lahire bezeichnet Foucault dennoch als »Philosoph im Geiste der Soziologie«; er sei derjenige unter den französischen Philosophen, der sich der Soziologie am stärksten angenähert habe (und dabei ein unverzichtbares Gegenmittel gegen die enge Theoriekonstruktion Bourdieus liefere; vgl. LAHIRE 2005: 112ff.). Vielleicht sah Foucault selbst das ganz ähnlich, auch wenn ihm disziplinäre Verortungen eher zuwider waren. In sicherer Entfernung zum akademischen Feld Frankreichs findet sich in einem Interview, das er 1970 in Japan gab, die folgende – im Rahmen seines Werkes allerdings singuläre und möglicherweise der Höflichkeit geschuldete – Passage, beginnend mit der Frage des Interviewers Moriaki Watanabe an Foucault: »[...] Bei Ihnen bildet eine soziologische Perspektive den Ausgangspunkt der Analysen [...] Können Sie uns den Grund für diese methodologische Entscheidung erläutern?« Foucaults Antwort lautet:

> »Bei meinen bisherigen Untersuchungen ging es, wie Sie bereits gesagt haben, um die soziologische Analyse verschiedener Insti-

tutionen. […] Ich habe mich gefragt, ob sich in den diversen Aktivitäten, die das soziale System bilden, oder sogar in den weniger auffälligen, weniger sichtbaren und tiefer verborgenen Aktivitäten nicht einige der für unsere Kultur und Zivilisation fundamentalsten Wahlentscheidungen finden lassen« (FOUCAULT 2001o: 133).

Anschließend verweist er auf die in *Wahnsinn und Gesellschaft* untersuchte Praxis der Einschließung der ›Irren‹. In dieser Praxis wurde, so Foucault, eine entsprechende Grundunterscheidung zwischen Irresein und Normalität getroffen; darauf ziele seine Analyse. Und bezogen auf *Überwachen und Strafen* erläutert er:

> »Wir alle sind lebende und denkende Subjekte. Wogegen ich mich wende, ist die These, dass zwischen der Sozialgeschichte und der Geistesgeschichte ein Bruch bestehe. Demnach soll die Sozialgeschichte beschreiben, wie die Menschen handeln ohne zu denken, und die Geistesgeschichte soll beschreiben, wie Menschen denken ohne zu handeln. Aber jeder Mensch handelt und denkt zugleich. Das Handeln und die Reaktionen von Menschen sind mit ihrem Denken verknüpft, und natürlich ist das Denken mit der Tradition verbunden. Ich habe versucht, dieses äußerst komplexe Phänomen zu ergründen: dass Menschen in relativ kurzer Zeit dahin gelangen, auf Verbrechen und Kriminelle in ganz anderer Weise zu reagieren« (FOUCAULT 2005e: 964).

Foucault verlässt den klassischen Denkraum der Philosophie und betreibt eine historische empirische Analyse gesellschaftlicher Verwicklungen von Wissen, Macht und institutionellen Praktiken. Die Studien Foucaults haben sowohl der Philosophie wie auch den Geschichts- und Sozialwissenschaften neue Vorgehensweisen und Gegenstandsbereiche eröffnet.

Foucaults Schreiben lässt sich durch vier Momente charakterisieren: *Erstens* kultiviert er einen eigenwilligen, provozierenden, äußerst eindrucksvollen Schreibstil und Argumentationsgang. Ein berühmtes Beispiel dafür ist die Eröffnungssequenz von *Überwachen und Strafen* (FOUCAULT 1977), in der detailgenau eine misslingende Vierteilung geschildert wird. In ähnlicher Weise erzeugen Foucaults Sprünge zwischen unterschiedlichsten ›Daten‹ (Verwaltungsprotokolle, Bilder, literarische Texte, philosophische Abhandlungen usw.) und Textgattungen ständige Irritationen auf der Rezeptionsseite. Seine Argumentationen sind lückenhaft, mitunter ungenau und verzichten auf eine systematische Zusammenhangsdarstellung. Gleichsam nebenbei werden weitreichende theoretische Konzepte entwickelt und vorgestellt.

Zweitens liefert Foucault nirgends eine geschlossene Darstellung seines empirischen Arbeitens. Jedes Thema bedürfe einer originären Herangehensweise. Deswegen verzichtet er auf ein standardisiertes methodisches Vorgehen. Dennoch lässt sich anhand seiner Studien ein Analysestil, eine Foucault'sche ›Kunstlehre‹ des philosophisch-historischen Forschens rekonstruieren, die in Kapitel IV erläutert wird. Diese Vorgehensweise hat Affinitäten zur Feldexploration und Konzeptbildung in der qualitativen Sozialforschung und Soziologie.

Drittens kommt in Foucaults Arbeiten durchgehend eine Auseinandersetzung mit eigenen Erfahrungen zum Ausdruck. Das gilt etwa für die *Geschichte des Wahnsinns*, deren erste Momente in eine Zeit fallen, in der Foucault selbst psychisch leidet, aber auch in psychiatrischen Kontexten arbeitet. In einem späten Interview erläutert er:

> »Meine Werke sind Teil meiner Biographie. Aus irgendeinem Grund hatte ich immer Gelegenheit, diese Dinge zu fühlen und zu durchleben. Ich will ein einfaches Beispiel nennen: In den fünfziger Jahren habe ich in einem psychiatrischen Krankenhaus gearbeitet. Nachdem ich Philosophie studiert hatte, wollte ich sehen, was Irresein ist. Ich war verrückt genug gewesen, die Vernunft zu studieren; ich war vernünftig genug, das Verrücktsein zu studieren. [...] Zuerst akzeptierte ich die Verhältnisse als notwendig, aber nach drei Monaten (ich bin ziemlich langsam) habe ich mich gefragt: Warum sind diese Verhältnisse notwendig?« (FOUCAULT 2005e: 961f.).

Das gilt ebenso für die Untersuchung der gesellschaftlichen Disziplinierungen und Verurteilungen all dessen, was als ›anders‹, ›verboten‹ oder ›minderwertig‹, ›krank‹ erscheint, nicht zuletzt bezogen auf die Norm der Heterosexualität. Damit ist zugleich Foucaults Faszination für die Schriftsteller der ›Überschreitung‹ (bspw. Georges Bataille) verbunden, d.h. für all diejenigen, welche die engen Normenkorsette des legitimen Handelns und Denkens, des vernünftigen Agierens und selbstkontrollierten Ichs in ihrem Schreiben in Frage stellen.

Schließlich soll noch ein *viertes* Merkmal kurz festgehalten werden: seine Vorliebe für ›Anspielungen‹. Foucault bewegt sich im französischen philosophischen und literarischen Kontext seiner Zeit und besticht hier durch eine immense Werkkenntnis. Seine Bücher sind in den 1960er-Jahren – später wird der Stil straffer, schnörkelloser – durchzogen von Anspielungen und nicht ausgewiesenen Zitaten aus Literatur, Poesie und Philosophie, die sich – da eine kritische Werkausgabe fehlt – heutigen Leserinnen und Lesern ohne entsprechendes philosophisches und literarisches Kontextwissen kaum noch erschließen.[10] Die Rezeption Foucaults hat sicherlich darunter gelitten, dass solche Bezüge in seinem Werk nicht eindeutiger angegeben sind. Das gilt auch für viele seiner kritischen Urteile über philosophische Positionen: Wen greift er tatsächlich an, wenn er sich gegen ›die‹ Phänomenologie oder ›die‹ Hermeneutik wendet? Edmund Husserl? Martin Heidegger? Jean-Paul Sartre? Maurice Merleau-Ponty? Alle zusammen? Oder Andere?

10 So heißt es etwa in der neuen Übersetzung des ursprünglichen Vorwortes zum Buch über den *Wahnsinn*: »Was also ist der Wahnsinn, in seiner allgemeinsten, doch konkretesten Form, für denjenigen, der von vorne herein sämtliche Zugriffe des Wissens auf ihn abweist? Nichts anderes, zweifellos, als die *Abwesenheit eines Werks*« (FOUCAULT 2001g: 227; vgl. FOUCAULT 2001h). Foucault spielt hier an auf Hölderlin und andere tragische, im ›Wahnsinn‹ endende Figuren der Kunst- und Philosophiegeschichte. Immer wieder ist in solchen Fällen die Kunstkritik mit der Frage befasst, bis zu welchem Zeitpunkt im Lebensverlauf eine Schrift, ein Kunstwerk als Ausdruck einer gestalterischen Absicht, einer schöpferischen Tätigkeit, eines ›Werkes‹ gelten kann, und ab wann ein künstlerisches Produkt ›nur‹ noch Ausdruck des Wahns ist, also eine Erfahrung jenseits der kontrollierenden Vernunft anzeigt, die zugleich als Ausschlusskriterium für ernsthafte Werkzugehörigkeit, Arbeitsfähigkeit und Analysewürdigkeit gelten kann. Der Umschlagspunkt des Werkes in seine ›Abwesenheit‹, den Wahnsinn, böte dann – das ist zumindest Foucaults frühe, später jedoch aufgegebene Position – einen vergleichsweise unverstellten Zugang zur Erfahrung des Wahnsinns selbst (vgl. auch SABOT 2006).

Anders denken

Foucault entwirft seine empirische Geschichte des Denkens in ›kritischer‹ Absicht. Die Fundierung dieser Kritik sucht er nicht in einem festen, unverrückbaren, rational begründeten Ausgangspunkt oder gesellschaftstheoretisch gewonnenen Maßstab, wie dies für die *Kritische Theorie* Frankfurter Prägung kennzeichnend war und ist. Vielmehr ergibt sich ›Kritik‹ gleichsam nebenbei durch den philosophisch-geschichtlichen, d. h. hier: empirischen Nachweis der Kontingenz der menschlichen Lebensweisen und des jeweils als ›wahr‹ geltenden Wissens. Die Aufgabe der Philosophie bestehe darin, ›anders zu denken‹, d. h. eine historische ›Ethnologie unserer Kultur‹ und Rationalitätsweisen zu unternehmen, die das, was heute ist, seiner augenscheinlichen Normalität, Zwangsläufigkeit und Unabänderlichkeit enthebt und dadurch neue gesellschaftliche Erfahrungen stiftet. Dies lasse sich, so Foucault, insbesondere am Beispiel des gesellschaftlichen Umgangs mit ›Außenseitern‹ nachzeichnen:

> »Ich beschäftige mich aus zwei Gründen mit abseitigen Gestalten und Prozessen: Die politischen und sozialen Entwicklungen, die den westlichen europäischen Gesellschaften ihr Gesicht gegeben haben, sind nicht sonderlich sichtbar, sie sind in Vergessenheit geraten oder zur Gewohnheit geworden. [...] Ich möchte zeigen, dass viele Dinge, die Teil unserer Landschaft sind – und für universell gehalten werden –, das Ergebnis ganz bestimmter geschichtlicher Veränderungen sind. Alle meine Untersuchungen richten sich gegen den Gedanken universeller Notwendigkeiten im menschlichen Dasein. Sie helfen entdecken, wie willkürlich Institutionen sind, welche Freiheit wir immer noch haben und wie viel Wandel immer noch möglich ist« (FOUCAULT 2005e: 961).

Ein zentrales Element dieser Arbeit der Kritik ist die Analyse des Zusammenhangs von Wissen und Macht (s. u. S. 98ff.). Sie wendet sich gegen die moderne Annahme der ›neutralen‹ wissenschaftlichen Erkenntnis der Wahrheit einer objektiv gegebenen Wirklichkeit, die unabhängig sei von den politischen

Kämpfen auf dem Feld der Macht. Dabei beruft er sich auf Nietzsche, für den das wissenschaftliche Begreifen der Wirklichkeit als Kampf und ›Bemächtigung‹ gilt, in dem Theorien und Begriffe gleichsam Zwangsmittel der Erkenntnis sind, die Wirklichkeit formen (FOUCAULT 2002f: 674-686). Die ›kritische Geschichte der Gegenwart‹ ist in Foucaults Worten zugleich eine ›kritische Ontologie (Seinslehre)‹, weil sie nachzeichnet, dass es kein unveränderliches Sein, keinen alleinigen Maßstab des Wissens in den Dingen selbst gibt. Eine solche Art der Kritik zielt nicht auf die positive Benennung ›besserer Welten‹, sondern sie überlässt es den sozialen Akteuren und den gesellschaftlichen Machtspielen selbst, politisch-praktische Folgerungen aus den gewonnenen Erkenntnissen zu ziehen. Die erwähnte Resonanz der Foucault'schen Arbeiten in der Psychiatrie-Reform-Bewegung oder in der Gefangenenbewegung liefern dafür exemplarische Beispiele. Wie ersichtlich wird, hatte Foucault mit diesen Annahmen vor allem die Geistes- und Sozialwissenschaften im Blick. Gleichwohl steht er damit auch in einer Tradition der epistemischen Relativierung absoluter Objektivitätsansprüche wissenschaftlicher Erkenntnis. Wie schon Ludwik Fleck gezeigt hatte, ist auch naturwissenschaftliche Wissensproduktion durch und durch soziokulturell geprägt. Sowohl die Wissenschaftstheorie wie auch die empirische Wissenschaftsforschung haben dazu eindrucksvolle Beiträge geliefert. Unbenommen davon besteht die Möglichkeit zur Formulierung von Aussagen, die im Rahmen spezifischer Prüfformate als ›wahr‹ oder ›falsch‹ im Sinne von zutreffend/nicht-zutreffend unterschieden werden können. Foucault verortet seine ›Kritik‹ unmittelbar in der Philosophie von Kant, in dessen Beantwortung der Frage: »Was ist Aufklärung?« (FOUCAULT 2005l, 1992). Er bezieht sich damit auf ein

> »philosophisches *ethos*, das man als permanente Kritik unseres geschichtlichen Seins charakterisieren könnte. [...] Dieses philosophische *ethos* lässt sich als eine *Grenzhaltung* charakterisieren. [...] Man muss der Alternative des Draußen und des Drinnen entkommen; man muss an der Grenze sein. [...] Doch während die Kant'sche Fra-

ge die Frage nach den Grenzen war, auf deren Überschreitung die Erkenntnis verzichten muss, scheint es mir, dass die kritische Frage heute in eine positive Frage verkehrt werden muss: Welchen Anteil an dem als universal, notwendig und obligatorisch Gegebenen ist singulär, kontingent und willkürlichen Zwängen geschuldet? [...] Was offensichtlich zur Folge hat, dass die Kritik nicht mehr in der Suche nach formalen Strukturen von universalem Wert praktiziert wird, sondern als historische Untersuchung, welche die Ereignisse durchläuft, die uns dazu veranlasst haben, uns als Subjekte dessen, was wir tun, denken und sagen, zu konstituieren und zu erkennen [...]« (FOUCAULT 2005l: 699ff; vgl. auch FOUCAULT 1992).[11]

Wahlgegner und Wahlverwandte

Foucaults philosophische Sozialisation fiel in die Zeiten einer breiten Hegel-Konjunktur in Frankreich, an der sein Lehrer Hyppolite maßgeblich beteiligt war. Einige weitere philosophische Strömungen spielten eine große Rolle: der Marxismus und die Phänomenologie von Husserl sowie, wenig später, der phänomenologische Existenzialismus von Heidegger. Zusammen mit Sartres Existenzialismus, der den Marxismus mit der Phänomenologie versöhnen will, bilden sie – mit Ausnahme Heideggers – die zeitgenössischen Großgegner, gegen die sich Foucault und andere seiner Generation wenden. Seine *Geschichte des Denkens* (FOUCAULT 2005e: 960) ist eine Fortsetzung der Philosophie mit geschichtswissenschaftlichen Mitteln, ihre Wendung zur empirischen Forschung.[12] Das impliziert die entschiedene Ablehnung universalistischer Denktraditionen sowie totalisierender philosophischer Haltungen, die nach

11 Vgl. zu Foucaults Programm einer Genealogischen Kritik bzw. »Genealogie als Kritik« Saar (2007, 2009), zur Polemik Bruno Latours gegen das »Elend der Kritik« bei Foucault (und Bourdieu) Latour (2021), wiederum zur Kritik an Latour Keller (2017).

12 Vgl. auch Dreyfus und Rabinow (1987), Ostwald (2001), Schneider (2001); zur Erläuterung des Kontextes Welsch (1998/1999).

dem ›Wesen‹ oder ›Sinn‹ von Phänomenen wie ›Leben‹, ›Tod‹, ›Gott‹, ›Freiheit‹, ›Geschichte‹ fragen (vgl. FOUCAULT 2001i: 845). Dies soll in drei Punkten näher erläutert werden.

Foucault wendet sich *erstens* gegen *geschichtsphilosophische* Positionen von Georg Wilhelm Friedrich Hegel (1770-1831), Karl Marx (1818-1883) und daran anschließende Autoren, die eine Richtung bzw. einen höheren Gesamt-›Sinn‹ der geschichtlichen Entwicklung behaupten, der sich mehr oder weniger kontinuierlich entfalte.[13] In vielen Aspekten kann sein Werk insbesondere als kritische Auseinandersetzung mit dem einseitigen ökonomischen Determinismus des Marxismus gelesen werden. Schon innerhalb der Geschichtswissenschaft hatten die Strömungen des *Historismus* oder die in Straßburg begründete Schule der *Annales* (ROHBECK 2004: 73ff.; BURKE 1998) die geschichtsphilosophischen Großthesen als den tatsächlichen vielfältigen geschichtlichen Prozessen unangemessen abgelehnt. Vor dem Hintergrund der nationalsozialistischen Gräuelherrschaft, aber vielfach auch unter dem Eindruck des real existierenden sowjetischen Kommunismus' Stalins sind sowohl die Thesen Hegels wie auch diejenigen von Marx für viele aus der ›kriegsgeprägten‹ Generation der damaligen jungen französischen Philosophen völlig inakzeptabel.

Neben der Geschichtsphilosophie stellt die *Subjekt-* oder *Bewusstseinsphilosophie* einschließlich der *Phänomenologie* den *zweiten* ›Gegner‹ Foucaults dar. Damit sind wohl vor allem die philosophischen Positionen von Kant (1724-1804) und Husserl (1859-1938) benannt, welche die menschlichen Grundvermögen der Welterfahrung und der Welterkenntnis aus den Leistungen eines ›transzendentalen‹, d. h. ›reinen‹, außerhalb aller weltlichen Bezüge stehenden Bewusstseins (bzw.: Subjekts) ableiten – eine Idee, die nicht von ungefähr an das schöpferische Genie des Philosophen selbst denken lässt.[14] Für Foucault, des-

13 Vgl. einführend Rohbeck (2015), zu Hegel vgl. Schnädelbach (2020), zu Marx vgl. Flechtheim und Lohmann (2003).

14 Das kann hier nicht differenzierter diskutiert werden. Während Kant vor allem auf mehrere Apriori-Leistungen des Bewusstseins zielt (etwa die Konstruktion

sen *Ordnung der Dinge* auch als Angriff auf die Phänomenologie gelesen wurde, bleiben solche philosophischen Vorgehensweisen spekulativ und ahistorisch; beides gilt es zu korrigieren. Eine Sonderrolle innerhalb der phänomenologischen Gegnerschaften nimmt der ›Leibphänomenologe‹ Maurice Merleau-Ponty (1908-1961) ein. Merleau-Ponty verlässt die Ebene der transzendentalen Bewusstseinsanalyse und wendet sich der praktischen und pragmatischen Eingebundenheit, insbesondere der Leiblichkeit, der Sinnesabhängigkeit der Welterfahrung und dem Handlungsvermögen des Menschen in der Welt zu (vgl. BERMES 2020). Er betont jedoch in seinen komplexen philosophischen Suchprozessen zugleich die Rolle der geschichtlichen Symbolsysteme im Zwischenraum zwischen dem Denken und den Dingen oder Phänomenen, aber mehr noch das praktische Einbezogensein der Körper in Handlungszusammenhänge und soziale ›Spielfelder‹. Foucault lehnt vermutlich den philosophischen Gestus dieses Werkes ab, ist jedoch in einer Weise beeinflusst, die sich nicht auf eine einfache Gegnerschaft reduzieren lässt, sondern ihm Anregungen liefert und in vielen Anspielungen zum Ausdruck kommt.[15]

Foucault setzt sich *drittens* ab von den sehr unterschiedlichen *existenzialistischen Philosophien* Martin Heideggers und Jean-Paul Sartres. Heidegger (1889-1976) begründete seine Philosophie als ›Daseinsanalyse‹ und machte gegen Husserl die weltliche Existenz, Geschichtlichkeit und Seinsweise des Menschen zum Ansatzpunkt seiner ›Hermeneutik des Daseins‹. Er verlässt damit den gewohnten Ausgangspunkt des klassischen Philosophierens, das an den Bewusstseins- bzw. Er-

von Kausalbeziehungen), untersucht Husserl die Grundstrukturen der Beziehung zwischen dem Bewusstsein und dem, ›wovon‹ es Bewusstsein ist (Phänomene). Zu René Descartes (1596-1650) vgl. Prechtl (2004), zu Kant vgl. Höffe (2007), zu Husserl vgl. Prechtl (2012).

15 Z.B. benutzt das zweite Kapitel der *Ordnung der Dinge* einen Titel – *Die Prosa der Welt* –, den schon ein Manuskript Merleau-Pontys aus den frühen 1950er-Jahren trug, das erst einige Jahre nach Foucaults Buch veröffentlicht wurde. Vgl. dazu und zur umfassenden Erläuterung weiterer verborgener Anspielungen und Bezüge in der *Ordnung der Dinge* Sabot (2006).

kenntnisprozessen des Subjekts ansetzte. Stattdessen schlägt er vor, mit einer Analyse des ›Seins‹ – ein Begriff, der für alles steht, was als ›Seiend‹ gedacht werden kann – zu beginnen. So rückt er den Menschen aus dem Mittelpunkt des Denkens, in den ihn die Subjektphilosophie gestellt hatte, denn er ist dann nur eine Seinsweise unter anderen. Heidegger bezeichnet diese Form als ›Dasein‹ und analysiert in philosophischen Reflexionen ihre besonderen Merkmale (z.B. das Wissen um den Tod, der praktische, denkende und ›sorgende‹ Bezug auf die Welt). Schon die Alltagspraktiken der Menschen sind für ihn eine erste ›Interpretation‹ des Daseins, die er dann aus philosophischer Perspektive deutet und rekonstruiert.[16] Zwar folgt Foucault Heidegger bei dem Anliegen, ›den‹ Menschen nicht länger zum Ausgangspunkt philosophischer Analysen zu machen. Doch bleibt Heidegger ebenfalls einem philosophischen Denkgestus verhaftet, der allein über gedankliche Abstraktion die allgemeinen Merkmale des menschlichen ›Daseins‹ erkunden will. Dazu formuliert Foucault in einem Interview: »Mein ganzes philosophisches Werden war durch meine Lektüre Heideggers bestimmt. Aber ich erkannte, dass Nietzsche über ihn hinausgegangen ist« (FOUCAULT 2005f: 868).

Nietzsche liefert also das Leitmotiv. Mit ihm könne man gegen die Traditionen der Subjektphilosophie seit Descartes unterstellen, dass es Subjekte gibt, und wir können unterstellen, dass es das Subjekt nicht gibt (FOUCAULT 2002f: 680). Denn bereits Nietzsche schrieb:

> »Alle Philosophen haben den gemeinsamen Fehler an sich, daß sie vom gegenwärtigen Menschen ausgehen und durch eine Analyse desselben ans Ziel zu kommen meinen. Unwillkürlich schwebt ihnen ›der Mensch‹ als eine aeterna veritas, als ein Gleichbleibendes in allem Strudel, als ein sichres Maß der Dinge vor. Alles, was der Philosoph über den Menschen aussagt, ist aber im Grunde nicht mehr als ein Zeugnis über den Menschen eines sehr beschränkten Zeitraums. Mangel an historischem Sinn ist der Erbfehler aller Phi-

16 Zu Heidegger vgl. Trawny (2003), Geier (2005), Schneider (2001), Weiß (2001).

> losophen; [...]. Sie wollen nicht lernen, daß der Mensch geworden ist, daß auch das Erkenntnisvermögen geworden ist [...]. Alles aber ist geworden; es gibt keine ewigen Tatsachen: so wie es keine absoluten Wahrheiten gibt. – Demnach ist das historische Philosophieren von jetzt ab nötig und mit ihm die Tugend der Bescheidung. (NIETZSCHE 1985a: 136f. [1878]).

Heideggers Rezeption in Frankreich stand zunächst unter dem Einfluss von Jean-Paul Sartre (1905-1980), dem wichtigsten Begründer der linksintellektuellen philosophischen Richtung des ›humanistischen Existenzialismus‹ (SUHR 2022). Sartre hatte den zweiten Weltkrieg als Kämpfer der französischen Widerstandsbewegung, der *Résistance*, erlebt und war unter anderem in deutsche Kriegsgefangenschaft geraten. Vor dem Hintergrund dieser Erfahrungen formulierte er eine radikale Philosophie der Freiheit und der moralischen Verantwortung des Einzelnen für sein Tun *und* alles Geschehen auf der Welt. Dabei verknüpfte er die Heidegger'sche Idee, der Mensch sei ins Dasein ›geworfen‹, mit der Vorstellung einer absoluten freien Wahl und Selbst-Bestimmung des Individuums, in der dieses sich im Hinblick auf sein Leben in der Welt entwerfen und zugleich verantworten müsse: Der Mensch sei das, wozu er sich mache. Zusätzlich schließt Sartre an die ökonomische Gesellschaftsanalyse des Marxismus' an, auch wenn er dessen Geschichtsphilosophie ablehnte. Für Foucault gibt es so gleich mehrfache Gründe der Kritik: Sartre übergehe die historisch-soziale Prägung und Konstitution all dessen, was jeweils als ›Mensch‹ erscheine, d.h. die sozialen Bedingungen, unter denen so etwas wie ›Freiheit‹ erst möglich sei. Und er vertritt in Foucaults Augen eine marxistisch-totalisierende Analyse gesellschaftlicher Verhältnisse, die deren Komplexität nie und nimmer gerecht werde. Wie bei keinem anderen Wahlgegner spielen wohl auch persönlich-politische Motive hier eine Rolle, insbesondere das Foucault anmaßend erscheinende öffentliche Auftreten Sartres als intellektuelle Leitfigur, die über Gut und Böse befindet.

Foucault, der glückliche nietzscheanische Positivist

An die Stelle der abstrakten, ›außerweltlichen‹ philosophischen Analyse der Erkenntnisweisen eines ahistorischen transzendentalen Subjektes und seiner Daseinslage setzt Foucault im direkten Anschluss an Nietzsche die Untersuchung von sich historisch verändernden Erfahrungsweisen der Menschen von sich selbst und der Welt, in der sie leben. Diese Weisen der Welterfahrung erscheinen ihm als diskontinuierliche Verschiebungen der menschlichen Selbst- und Weltverhältnisse, die empirisch erkundet werden können. Damit wird gegen die Philosophie ein Einwand im Gestus eines selbstbewussten Wissens wiederholt, den schon die entstehende Soziologie geltend gemacht hatte:

> »Wenn man an die Stelle der Suche nach den Totalitäten die Analyse der Seltenheit, an die Stelle des Themas der transzendentalen Begründung die Beschreibung der Verhältnisse der Äußerlichkeit, an die Stelle der Suche nach dem Ursprung die Analyse der Häufungen stellt, ist man ein Positivist, nun gut ich bin ein glücklicher Positivist, ich bin sofort damit einverstanden« (FOUCAULT 1988a: 182).[17]

Die Argumente gegen die ahistorischen philosophischen Positionen, die von ›dem‹ Gesetz ›der‹ Geschichte und ›dem‹ Subjekt sprechen, müssen von Foucault nicht erfunden werden. Er schöpft sie aus seiner Heidegger-Lektüre, aus der *Annales*-Tradition, auch aus seinem Interesse für die literarischen ›Denker der Überschreitung‹, die – wie Georges Bataille, Maurice Blanchot, Raymond Roussel u. a. – in ihren experimentieren-

17 Tatsächlich spielte Foucault damit auf eine kritische Rezension seines Buches *Die Ordnung der Dinge* (*Les mots et les choses*) durch Sylvie le Bon in der von Sartre herausgegebenen Zeitschrift *Les Temps Modernes* an (LE BON DE BEAUVOIR 1967), die den Titel trug: *Ein verzweifelter Positivist* (Übers. RK) – lieber ein glücklicher Positivist, als eine unglückliche Existenzialistin. Sylvie le Bon, Philosophin, war damals bereits seit längerem eine enge Freundin von Simone de Beauvoir und wurde von letzterer später adoptiert. Zwischen Foucault einerseits, Sartre und de Beauvoir andererseits, gab es in dieser Zeit einige mehr oder weniger offene und kritische Auseinandersetzungen und Kommentare.

den Werken die Grenzen des aus der Aufklärung hervorgegangenen Subjektverständnisses sprengten. Zusätzlich liefern die französische Wissenschaftsphilosophie und -geschichte sowie die strukturalistische Bewegung wichtige Argumente. Doch all dies wird von Affinitäten zu Friedrich Nietzsche überragt: Er sei »einfach Nietzscheaner« (FOUCAULT 2005f: 141; OSTWALD 2001; FOUCAULT 2002e, 2002f.).

Bei Nietzsche findet sich zugleich eine Beschreibung von Arbeitsaufgaben, an die Foucaults Arbeiten unmittelbar anzuknüpfen scheinen. Schon 1882 forderte er nämlich eine

> »Geschichte der Liebe, der Habsucht, des Neides, des Gewissens, der Pietät, der Grausamkeit [...] des Rechtes, [...] der Strafe, [...] [der] verschiednen Einteilungen des Tages, [...] [der] Folgen einer regelmäßigen Festsetzung von Arbeit, Fest und Ruhe« (NIETZSCHE 1985b: 18 [1882]).

Nicht nur *Überwachen und Strafen* greift einige Punkte aus dieser Liste auf.

In seinen empirischen Arbeiten an der *Geschichte des Denkens* (FOUCAULT 2005e: 960) lehnt sich Foucault in Teilen an die geschichtswissenschaftliche Schule der *Annales* an, die in Straßburg nach dem ersten Weltkrieg durch Lucien Febvre (1878-1956) und Marc Bloch (1886-1944) begründet, später dann in Paris u.a. von Fernand Braudel (1902-1985) weitergeführt wurde und eine Abkehr von der üblichen Geschichtsschreibung einforderte (RAPHAEL 1994). An die Stelle einer sich auf ›wichtige historische Ereignisse‹ stützenden Großgeschichtsschreibung – als Geschichte der großen Herrschaftshäuser, Feldherren, Eroberungen usw. – trat hier eine interdisziplinär informierte und arbeitende wissenschaftliche Wirtschafts-, Sozial- und Kulturgeschichte, die sich auf alle möglichen verfügbaren historischen Quellen (z.B. Statistiken, Landkarten, Wetterbeobachtungen) stützte und wirtschaftliche, soziale und kulturelle Phänomene von unterschiedlicher historischer Dauer in den Blick nahm. Die Begründer der *Annales*-Tradition forderten eine ›problemorientierte‹, d.h. sich auf spezifische Fragestellungen konzentrierende Geschichte, die Gegenwartsanalysen mit berücksichtigen sollte. Statt nach sozialen Makro-Gebilden wie Volk und Nation zu fragen, werden nunmehr unter dem Einfluss der Soziologie Durkheims Familien oder Dörfer, Gefühle, Sinneswahrnehmungen, Denkformen, Mentalitäten untersucht; statt einfachen Kausalbeziehungen nachzugehen, rücken Wechselwirkungen in den Mittelpunkt (RAPHAEL 2003: 101; vgl. RAPHAEL 1994). Foucault entlehnt der *Annales*-Tradition die problemorientierte Vorgehensweise, das Interesse an historischen Brüchen, neuen Quellenmaterialien und Gegenständen des historischen Forschens (FOUCAULT 1988a, 2002d: vgl. BERT 2007). Doch seine Vorgehensweisen bleiben eigenwillig und sind von ungeteilter Zustimmung in Historikerkreisen weit entfernt (vgl. FOUCAULT 2005h; PERROT 1980; VEYNE 1981; BRIELER 1998a, b).

Wahrheitsspiele

»Sagen wir es deutlich: Mein Problem besteht darin herauszufinden, wie die Menschen sich, und zwar sich selbst und die anderen, durch die Produktion von Wahrheit regieren« (FOUCAULT 2005i: 33f.; vgl. FOUCAULT 2002f). In seinem Buch *Der Gebrauch der Lüste* bezeichnet Foucault in diesem Sinne sein Arbeitsprogramm der ›kritischen Geschichte des Denkens‹ als dasjenige einer ›Geschichte der Wahrheit‹: Es gehe ihm nicht um eine »Geschichte dessen, was es Wahres in den Erkenntnissen geben mag«, sondern um »eine Analyse der ›Wahrheitsspiele‹, der Spiele des Wahren und des Falschen, in denen sich das Sein historisch als Erfahrung konstituiert, das heißt als eines, das gedacht werden kann und muss« (FOUCAULT 1989b: 13). Dieser Begriff der ›Wahrheitsspiele‹ erinnert an Ludwig Wittgensteins Rede von den ›Sprachspielen‹. Wittgenstein betont damit in seinen *Philosophischen Untersuchungen*, dass die Nutzung einer Sprache eine praktische Tätigkeit sei, die bestimmten Spiel-Regeln folge, und dass wir innerhalb unserer Sprachnutzung sehr unterschiedliche Nutzungsformen (oder

Spiele) handhaben (vgl. WITTGENSTEIN 2003; BEZZEL 2000). Wenn Foucault von ›Wahrheitsspielen‹ spricht, dann bezeichnet er damit bestimmte gesellschaftliche Bereiche, Praxisfelder oder Domänen, die sich an der Produktion von ›wahren‹ Aussagen orientieren, allen voran die Wissenschaften oder die Rechtsprechung. Wittgensteins Begriff der Sprachspiele bezog sich auf unterschiedliche kommunikative Gattungen und deren Erfolgsbedingungen. Es geht dabei nicht um das Spielerische im eigentlichen Sinne, sondern um die Betonung dessen, dass sich Sprachgebrauch an bestimmten Regeln orientiert, die zudem unterscheidbar machen, um was es sich gerade handelt (einen Witz, eine Anweisung, eine Trauerrede). Bezogen auf die Wissenschaften betont der Begriff ›Wahrheitsspiele‹ die Orientierung der Wissensproduktion an der Idee oder dem Leitziel der Ausschließung falscher Aussagen und der Hervorbringung wahrer Aussagen. Das wird im Rückgriff auf je spezifische und historisch veränderliche Kriterien bestimmt. Das Ziel der Wahrheitsfeststellung liegt auch – wenngleich in ganz anderem Sinne – bspw. der juridischen Konzeption der Rechtsentwicklung und der praktisch-juristischen Idee eines Gerichtsprozesses zugrunde, als der juristischen Bestimmung von Tatbeständen, Verantwortlichkeiten und ggf. angemessenen Bestrafungen.

Foucault weist allerdings in seinem Vorwort zu *Der Fall Rivière* (FOUCAULT 1975) darauf hin, dass er von ›Spielen‹ auch im Sinne von ›games‹ und ›strategischen‹ Handlungsweisen spricht, die in ›diskursiven Kämpfen‹ zum Einsatz kommen. Das fügt Akzente an, die so bei Wittgenstein nicht vorliegen.[18] Dann weist er darauf hin, dass die wissenschaftliche Wissenssuche keineswegs so etwas wie absolute, außergeschichtliche Wahrheiten erreichen und an einem universellen, objektiven Rationalitätsmaßstab gemessen werden kann. Alle Rationalitätsmaßstäbe über Erkenntnisweisen sind selbst innerhalb solcher ›Wahrheitsspiele‹ verankert und sie unterscheiden sich

18 Vgl. dazu weiter unten die Begriffserläuterung zu ›Diskurs‹ (S. 89ff.).

in dem Maße, wie Letztere voneinander unterschieden sind. Wiederholt illustriert Foucault dies anhand der Gegenüberstellung von institutionellen Formen der Rechtsprechung oder des ›Rechtsprechens‹ (›juridiction‹). Gemeint ist damit die Art und Weise, wie in juristischen Praktiken eine Urteilsfindung über Schuld/Nichtschuld, Verantwortung und Bestrafung hergestellt wird, d. h. die ›Wahrheit einer Situation der Regelverletzung‹. Foucault interessiert sich jedoch insbesondere für die Formen der ›Wahrsprechung‹ oder des ›Wahrsprechens‹ (›veridiction‹) in wissenschaftlichen Diskursen, mit denen die Wahrheit des erzeugten Wissens behauptet und begründet wird (z. B. FOUCAULT 2002f).[19]

Die Entwicklung der juristischen oder wissenschaftlichen Wahrheitsfindungen verläuft diskontinuierlich. Das hatten Arbeiten der Wissenschaftsphilosophen und -historiker Gaston Bachelard (1884-1962) und Georges Canguilhem (1904-1995, vgl. GUTTING 1989: 9-54) bereits gezeigt.[20] Für Bachelard war der historische Bruch mit vorangehenden Erkenntnisweisen eine notwendige Bedingung dafür, dass neues Wissen entstehen kann. Canguilhem (1977) schloss daran eine Analyse der Rolle wissenschaftlicher Begriffe in diesem Prozess an und untersuchte u. a. die sich verändernden medizinischen Bestimmungen von Normalität und Abweichung oder die Trennung von wahren und falschen Aussagen als Grundmodi der Wissenschaftsentwicklung.[21] Er wird für Foucault zum Referenzpunkt einer ›Rationalitätskritik‹, wie sie zwischenzeitlich

19 Die heutigen Science and Technology Studies haben zahlreiche Studien zur Praxis der wissenschaftlichen Wissensarbeit vorgelegt. Vgl. zur diesbezüglichen Bedeutung Foucaults Golinski (1998), auch Law (1994, 2008).

20 Zwei weitere in dieser Tradition wichtige französische Wissenschaftstheoretiker und -historiker müssen erwähnt werden: Alexandre Koyré (1882-1964) und Jean Cavaillès (1903-1944).

21 Canguilhem habe, so schreibt Foucault, eine Philosophie des Irrtums und des Lebendigen entworfen, die dazu beitrage, die »Frage des Subjekts« neu zu denken (FOUCAULT 2005g: 958f). Zu Bachelard vgl. Tietz und Schmidt (1980), zu Canguilhem und Foucault vgl. Canguilhem (1991, 1988), Canguilhem und Foucault (1988), zu Canguilhem vgl. Rose (1998).

in vielerlei Weise durch die sozialwissenschaftliche Wissenschaftsforschung weiter entwickelt worden ist:

> »Die Geschichte der Wissenschaften ist nicht die Geschichte des Wahren und seines allmählichen Erscheinens [...] Man kann in der Wissenschaftsgeschichte die Wahrheit nicht als gesicherten Bestand auffassen, aber man kann sich ebenso wenig eine Bezugnahme auf das Wahre und die Opposition von Wahr und Falsch ersparen. Es ist diese Bezugnahme auf die Ordnung des Wahren und des Falschen, die dieser Geschichte ihre Spezifizität und ihre Bedeutsamkeit verleiht. In welcher Form? Indem man begreift, dass es die Geschichte der ›wahrheitsorientierten Diskurse‹ zu schreiben gilt, also der Diskurse, die sich berichtigen, sich korrigieren und die an sich selbst eine Arbeit vollziehen, die ihr Ziel darin sieht, die ›Wahrheit auszusprechen‹. [...] Der Irrtum wird nicht durch die stille Kraft einer allmählich aus dem Schatten tretenden Wahrheit eliminiert, sondern durch die Herausbildung einer neuen Weise, die ›Wahrheit auszusprechen‹« (FOUCAULT 2005g: 950f.).

An die Stelle einer Geschichte ›der‹ Rationalität, wie sie die Kritische Theorie betreibt, tritt für Foucault mit Canguilhem die Untersuchung der diskontinuierlichen Abfolge unterschiedlicher, verstreuter Rationalitätsformen, ›Problematisierungsweisen‹ und ›Formen des Wahrsprechens‹ (FOUCAULT 1988b, 2005d, 2005j, 2005k, 2005q).

Historische Subjektivierungsweisen

Wie ist eine empirische Untersuchung der Herausbildung von Subjekten möglich, die auf transzendentale oder universale Annahmen verzichtet? Diese nietzscheanische Frage steht im Zentrum des gesamten Foucault'schen Werkes. Seine Antwort lautet: Durch die Analyse von institutionellen Praktiken und Diskursen im Hinblick auf die darin konstituierten historischen ›Subjektivierungsweisen‹ oder ›Subjektformationen‹. An die Stelle philosophischer Reflexion von überzeitlichen Wesensmerkmalen, die beispielsweise Wahnsinn von Vernunft unterscheiden, tritt die Beschäftigung mit den historisch-praktischen Einsperrungen der Wahnsinnigen, also mit der Art und Weise, wie solche Grenzziehungen tatsächlich vorgenommen und begründet wurden. Das Ziel seiner Arbeit der letzten 20 Jahre sei gewesen, schreibt er 1982, »eine Geschichte der verschiedenen Verfahren zu entwerfen, durch die in unserer Kultur Menschen zu Subjekten gemacht werden« (FOUCAULT 1987a: 243). Dabei spielen die rechtlichen und wissenschaftlichen ›Wahrheitsspiele‹ eine zentrale Rolle:

> »Anhand welcher Wahrheitsspiele gibt sich der Mensch sein eigenes Sein zu denken, wenn er sich als Irren wahrnimmt, wenn er sich als Kranken betrachtet, wenn er sich als lebendes, sprechendes und arbeitendes Wesen reflektiert, wenn er sich als Kriminellen beurteilt und bestraft? Anhand welcher Wahrheitsspiele hat sich das Menschenwesen als Begehrensmensch erkannt und anerkannt?« (FOUCAULT 1989b: 13).

Foucault steht ein ganzes Arsenal an Denkpositionen zur Verfügung, welche den analytischen Nutzen und die tatsächliche Existenz eines transzendentalen Subjekts bestreiten (vgl. FOUCAULT 1996, 2005d). Friedrich Nietzsche hatte, wie erwähnt, die entsprechende Grundforderung formuliert. Da ist aber auch Karl Marx, der die gesellschaftliche Formung des Menschen im Prozess der vergesellschafteten Arbeit und Produktion zum Ausgangspunkt seiner weitreichenden Kapitalismusanalyse gemacht hat. Da ist dann auch Sigmund Freud (1856-1939; vgl. LOHMANN 2006), dessen psychoanalytische Theorie mit ihrer Idee des menschlichen Unterbewussten auf der Ebene der Psyche die moderne Idee des rationalen Subjekts in Frage stellte. Schließlich muss – und hier beginnt die intellektuelle Bewegung des Strukturalismus – auch Ferdinand de Saussure (1857-1913, vgl. PRECHTL 1993), genannt werden, der vor dem Hintergrund der Durkheim'schen Soziologie eine strukturalistische Theorie der Sprache entwickelt hatte. Saussure sprach von einem »System der Sprache«, das er ›langue‹ nannte und als Voraussetzung dem konkreten Sprachgebrauch der Individuen, der ›parole‹ gegenüber stellte. Der französische Star-Psychoanalytiker Jacques Lacan (1901-1981; vgl. PAGEL 2019) verknüpfte die Theorien von Freud und Saussure und argumentierte, auch das ›Unbewusste‹ sei wie das System der Sprache, also die ›langue‹ strukturiert. Der Ethnologe Claude Lévi-Strauss (1908-2009, vgl. LEACH 2006) entwarf seit Ende der 1940er-Jahre eine strukturale Anthropologie auf ethnologischer Basis, die alle menschlichen Denkformen und Handlungsweisen als Ausdruck überindividueller strukturierter Systeme – etwa als ›System der elementaren Verwandtschaftsregeln‹ – im Sinne von Saussure beschrieb. Lévi-Strauss beanspruchte dadurch eine neue Stufe der Objektivität für die Humanwissenschaften entsprechend dem Wissenschaftlichkeitsanspruch der ›harten Naturwissenschaften‹. Roland Barthes (1915-1980, vgl. RÖTTGER-DENKER 2004) wiederum bezog sich in den späten 1950er-Jahren mit seiner Theorie zur Untersuchung der Zeichenhaftigkeit aller menschlicher Praktiken, der Semiologie, ebenfalls auf Saussure. So wie man das System der Sprache analysieren könne, ließe sich beispielsweise von einer ›Sprache der Mode‹, einem ›Code der Kleidung‹ sprechen. Louis Althusser (1918-1990, vgl. THIEME u. a. 1986), bei dem Foucault seine ersten Seminare in der *Rue d'Ulm* besucht hatte, verband die strukturalistischen Theorieannahmen mit dem Marx'schen Gedankengebäude. All diesen Positionen ist eines gemeinsam: Sie insistieren darauf, dass das Handeln menschlicher Subjekte in einem übergreifenden Strukturzusammenhang steht und nur durch dessen Analyse verstanden werden kann.

Obwohl Foucault zeitweilig mit den strukturalistischen Denkern sympathisiert, setzt er sich schließlich dezidiert nicht nur von Marx oder Freud, sondern auch von Lacan, Lévi-Strauss, Althusser usw. ab. Denn ihn interessiere nicht das abstrakte System oder die determinierende Struktur, sondern die Praxis, das, was die Leute tun. So führt er in Bezug auf Lévi-Strauss aus:

> »Man könnte dieses Haupt- oder Grundexempel der strukturalen Methode wieder aufnehmen, das in den Regeln des Inzestverbots und denen der Heirat in den primitiven Gesellschaften besteht [...] Dennoch interessiert mich dies gerade nicht, und ich hatte immer

schon Lust, die Anthropologen zu fragen: Wie funktioniert die Inzestregel wirklich? Ich meine damit die Regel nicht als formales System, sondern als präzises, wirkliches, alltägliches und infolgedessen individualisiertes Instrument – einer Erzwingung. Der Zwang interessiert mich: Wie lastet er auf dem Bewusstsein und wie schreibt er sich in die Körper ein; wie versetzt er die Leute in Empörung und wie machen sie ihm einen Strich durch die Rechnung? Genau an diesem Berührungs-, Schwebe- und unter Umständen Konfliktpunkt zwischen dem System der Regeln und dem Spiel der Unregelmäßigkeiten setze ich stets mit meinen Fragen an« (FOUCAULT 2002i: 891, vgl. auch FOUCAULT 2001h: 544ff.; zu Lévi-Strauss vgl. KAUPPERT 2008).

Das von Foucault in den 1960er-Jahren genährte Missverständnis, er gehöre zur Theorie-Bewegung des Strukturalismus, rührt aus einer Unklarheit über die Bedeutung und den Gebrauch des Strukturbegriffes. Foucault schließt mit seiner Verwendung nicht an die ›strukturalistischen‹ Positionen, sondern an die deutlich unprätentiösere Verwendung von ›Struktur‹ durch den französischen Indologen Georges Dumézil an, von dem bereits die Rede war. Er habe versucht, in seiner Studie über *Wahnsinn und Gesellschaft* ›strukturierte Erfahrungsformen‹ ausfindig zu machen, insbesondere die »Struktur der sozialen Trennung, die Struktur der Ausschließung« und deren historische Veränderungen (FOUCAULT 2001l: 235; vgl. FOUCAULT 2002d sowie ERIBON 1998). Dabei sei er ähnlich wie Dumézil vorgegangen. Letzterer analysierte in vergleichender Perspektive die Götter-Mythen im alten Rom, in Skandinavien und in Indien, dort insbesondere vor dem Hintergrund der Kastenhierarchie. Überall in den indo-europäischen Vorstellungswelten entdeckte er eine ›Ideologie der drei Funktionen‹ (vgl. DUMÉZIL 1987, 1989), d. h. eine klassifikatorische Dreigliederung der Welt, der Institutionen und Praxisbereiche in die Dimensionen der magisch-religiösen und intellektuellen Souveränität, des Kriegerischen bzw. der physischen Stärke und Macht sowie des produktiven Lebens, des Handels und Wirtschaftens. Keine dieser gesellschaftlichen Bereiche kann aus sich heraus verstanden werden;

ihre Bedeutung ergibt sich vielmehr – so Dumézil schon in den 1930er- und 1940er-Jahren – aus ihrem Unterschied und ihrer Beziehung zu den beiden anderen, d.h. aus dem Gesamtsystem oder der ›Struktur‹. Dies ist ein vergleichsweise bescheidenes Strukturkonzept, das nicht angeborene, universale und ahistorische Strukturen bezeichnet, sondern als Analysewerkzeug eine kontingente Strukturierungsform menschlicher Praktiken, das Ergebnis einer kulturvergleichend-rekonstruktiven Untersuchung (POITEVIN 2002; DUMÉZIL 1987, 1989). Im Rückgriff auf einen solchen pragmatischen Strukturbegriff, der ›nur‹ rekonstruierend die Strukturiertheit von gesellschaftlichen Praxisfeldern beschreiben will, überführt Foucault die strukturalistischen Fragen nach abstrakten Strukturdeterminationen in diejenigen nach den historisch konkreten Praxisfeldern, in denen sich spezifische und veränderliche Subjektvorstellungen konstituieren.

Regime von Praktiken – die Freiheit der Menschen

Durch Foucaults Arbeiten zieht sich das Bemühen, die historische Verflechtung von sozialen und institutionellen Praktiken in ihrem Verhältnis zu beispielsweise wissenschaftlichen oder rechtlichen Diskursen zu rekonstruieren, ohne sie durch einfache theoretische Zusammenhangsannahmen – wie im Marxismus – bereits vorweg zu behaupten (FOUCAULT 2005e: 964). Sein Fragen nach Wechselwirkungen ziele, so Foucault, auf die Analyse von ›Regimen von Praktiken‹, »wobei die Praktiken als Ort der Verknüpfung betrachtet werden zwischen dem, was man sagt und dem, was man tut, den Regeln, die man sich auferlegt und den Gründen, die man gibt, den Projekten und den Evidenzen« (FOUCAULT 2005i: 28). Es geht ihm um das Aufeinandertreffen von Arten und Weisen des ›Tuns‹ – z.B. der Einsperrung der Wahnsinnigen – mit der Produktion von Wissen, Wahrheiten und Rationalitäten über die Objekte dieses Tuns, ohne dass vorschnell das eine aus dem anderen abgeleitet wird. Zwar nehmen solche Regime in der Perspektive Foucaults institutionelle Gestalt an als »Programmierungen (Programme, Technologien, Dispositive)«, d.h. sie »kristallisieren sich in Institutionen, sie prägen sich in das Verhalten der Individuen ein, sie dienen als Raster der Wahrnehmung und der Bewertung der Dinge« (FOUCAULT 2005i: 37). Doch dabei handelt es sich *nicht* um die ihm häufig unterstellte Behauptung einer kompletten Determination des Verhaltens der Individuen. Die beobachtbaren vielfältigen Widerstände der ›Betroffenen‹ belegen sowohl tatsächliche Versuche solcher Programmierungen, auf ihr Leben zuzugreifen, wie andererseits auch das permanente Misslingen dieser Zugriffe (FOUCAULT 2005h: 20). Das bedeutet jedoch nicht, dass sie völlig wirkungslos bleiben:

> »Diese Verhaltensprogrammierungen, diese Regime des Rechtsprechens/Wahrsprechens sind [...] Fragmente der Realität, die diese spezifischen Effekte des Realen, wie sie in der Trennung zwischen wahr und falsch bestehen, in die Art und Weise einführen, wie Menschen sich selbst und andere ›führen‹, ›leiten‹ und ›regieren‹« (FOUCAULT 2005i: 37).

Ironischerweise mündet die Foucault'sche Position, die doch so sehr um den Nachweis der Geschichtlichkeit und gesellschaftlichen (institutionellen, diskursiven) Geformtheit menschlicher Seinsweisen bemüht ist, in eine explizite Betonung der ›Freiheit der Menschen‹. Damit bezieht er sich auf das auch der Soziologie sehr vertraute Problem, das Verhältnis von ›sozialer Determination‹ und ›Freiheitsgraden des Handelns‹ zu justieren: »Ich glaube an die Freiheit der Menschen. In der gleichen Situation reagieren sie sehr unterschiedlich« (FOUCAULT 2005e: 965). Mit gewissem Recht lässt sich hier von einer späten Annäherung an Motive des ursprünglichen Gegners Sartre sprechen und Foucaults Haltung als diejenige eines ›Sozialexistenzialismus‹ benennen (vgl. RENN 2012). Das ist der Fluchtpunkt seiner ›kritischen Ontologie der Gegenwart‹ bis hin zu der Frage, ob sich gegenwärtig neue Verschiebungen der *gesellschaftlichen Subjektverhältnisse* abzeichnen beziehungsweise durch den Nachweis ihrer historischen Kontingenz befördert werden können:

> »Ich habe mir vorgenommen – dieser Ausdruck ist gewiss allzu pathetisch –, den Menschen zu zeigen, dass sie weit freier sind, als sie meinen; dass sie Dinge als wahr und evident akzeptieren, die zu einem bestimmten Zeitpunkt in der Geschichte hervorgebracht worden sind, und dass man diese so genannte Evidenz kritisieren und zerstören kann. Etwas in den Köpfen der Menschen zu verändern – das ist die Aufgabe des Intellektuellen« (FOUCAULT 2005e: 960).

Anschließbar wird hier eine umfassende wissenssoziologische Perspektive, welche die Foucault'schen Analysen der historischen Subjektivierungsformen mit der Frage danach verbindet, was die Subjekte aus dem machen, was ihnen als Subjektivierung zugemutet wird.

IV. Blick in die Werkzeugkiste

Die im Folgenden vorgenommene Durchsicht der Foucault'schen Werkzeugkiste richtet sich zunächst auf allgemeine Grundannahmen seiner ›interpretativen Analytik‹. Daran anschließend werden wichtige Grundbegriffe erläutert – ›Archäologie‹ und ›Genealogie‹, ›Diskurs‹, ›Macht‹ und ›Wissen‹, ›Gouvernementalität‹ sowie ›Dispositiv‹ –, die von ihm zur Charakterisierung seiner Arbeitsweisen und Forschungsinteressen benutzt werden.

Vorgehensweisen einer interpretativen Analytik

Wie geht Foucault in seinen konkreten, historisch-empirischen Arbeiten vor? Diese Frage hat in den letzten Jahrzehnten viele Debatten der Philosophie, der Geschichtswissenschaften und der Diskursforschung beschäftigt. Meist bezogen sich die Antworten direkt auf Konzepte Foucaults, insbesondere auf die Begriffe ›Archäologie‹ und ›Genealogie‹, mit denen er sein Unternehmen versah und die weiter unten erläutert werden. Doch damit waren bei Foucault eher forschungsprogrammatische Absichten verbunden, die kaum Rückschlüsse auf seine Arbeit mit Daten zuließen. Er selbst betonte, sein Buch zur *Archäologie des Wissens* behandle vor allem theoretische und methodologische Fragen, lasse aber die tatsächliche Umsetzung der Perspektive im Dunklen. Nur in einigen wenigen Texten, Interviews und Diskussionsbeiträgen gab er Einblicke in seinen konkreten Arbeitsprozess. Weitere Hinweise lassen sich den empirischen Studien entnehmen.[22] Die nachfolgende Charakterisierung der Foucault'schen ›interpretativen Analytik‹ stützt sich auf diese verstreuten Spuren und erläutert sie im Zusammenhang. Es handelt sich sicherlich um eine im Nachhinein vorgenommene ›idealtypische‹ Stilisierung, die in den einzelnen Studien unterschiedlich akzentuiert und nie vollständig so umgesetzt wurde. Foucaults Arbeitsweise lässt sich am besten in Anlehnung an feldexplorative Strategien der heutigen *qualitativen Sozialforschung* verstehen. Diese Auffassung lässt sich zuspitzen: Foucault betreibt auf seine Art eine Form der ›gegenstandsbegründeten Konzeptbildung‹. Diese unterscheidet sich gewiss beträchtlich von den Forschungsweisen und Zielen der ›Grounded Theory‹, wie sie von Barney Glaser und Anselm Strauss entwickelt wurde (GLASER/STRAUSS 2010), nicht zuletzt dadurch, dass es Foucault eben eher um die Generierung von theoretischen und gesellschaftsdiagnostischen Konzepten und nicht um deren Verdichtung zu einer umfassenden Theorie über einen spezifischen Bereich des gegenwärtigen praktischen Handelns ging. Auch seine ausholende historische Analyse markiert einen deutlichen Unterschied zu den gegenwartsfixierten Mikro-Momentaufnahmen vieler qualitativer Studien. Doch ähnlich wie solche Forschungstraditionen entwickelt Foucault aus den ihm zur Verfügung stehenden Daten durch genaue Analyse und interpretative Fantasie Konzepte, die zentrale Funktionsweisen und Implikationen gesellschaftlicher Praxisfelder beleuchten.

Foucaults allgemeine Arbeitsweise lässt sich gut an seinen beiden Studien über *Wahnsinn und Gesellschaft* sowie *Überwachen und Strafen* illustrieren. Zwar sind diese in einem sehr unterschiedlichen Stil verfasst: Wo Erstere zahlreiche, mitunter weitschweifige Ausführungen über literarische Werke, Bilder, gelehrte Schriften und vieles mehr enthält, aber wenig

22 Vgl. Foucault (2005h, 2001q, 2001r, 2002d), Brieler (1998a), Veyne (1981, 2009), Kendall und Wickham (1999), O'Farrell (2005), Bert (2007); bezogen auf Fragen der Diskursforschung Bublitz et al. (1999) und Keller et al. (2010, 2011).

theoretisch-konzeptionelle Kategorisierungen, bietet Letztere sehr genaue und auf das Wesentliche konzentrierte Argumentationen, die mit zahlreichen Belegen insbesondere aus historischen Archiven der Verwaltung versehen sind und in erhellende theoretische Konzepte münden. Schließlich liegen zwischen beiden Büchern auch mehr als fünfzehn Jahre Erfahrung im philosophisch-wissenschaftlichen Betrieb. Welche Elemente kennzeichnen nun diese Arbeitsweise, die sich am ehesten als ›Kunstlehre‹ oder ›Forschungsstil‹ begreifen lässt, aber – abgesehen von allgemeinen Hinweisen auf historisches Quellenstudium – keine exakte Methode der Datenerhebung und -auswertung anbietet? Wir können hier *fünf Merkmale* unterscheiden: (1) Foucaults Ansatzpunkt ist die Untersuchung von ›Problematisierungen‹; (2) Diese werden analysiert unter Vermeidung gängiger zeitgenössischer Kategorien; stattdessen dient das empirische Material als Grundlage der Begriffsbildung. (3) Einfach-kausale Ursache-Wirkungsannahmen werden durch die Rekonstruktion vielfältiger Verflechtungen und ›kausale Demultiplikation‹ ersetzt. (4) Das Datenkorpus wird nach Maßgabe der Fragestellungen erstellt. (5) Die Arbeit am Datenmaterial erfolgt als ›interpretative Analytik‹.

Die Untersuchung von Problematisierungen

Das allgemeine Grundmuster der Foucault'schen Vorgehensweise besteht im Ausgang von aktuellen Fragestellungen und Erfahrungen. Dazu zählen die Behandlungsformen der Psychiatrie, die gewaltsamen Auseinandersetzungen der 1960er-Jahre zwischen Staat und Studentenbewegungen, die Gefängnisbewegung Anfang der 1970er-Jahre oder die Hoffnungen auf eine Überwindung des Kapitalismus' durch die ›Befreiung der Lust‹. Durch die empirische Analyse historischer ›Daten‹ aus zurückliegenden Jahrhunderten will Foucault zeigen, wie das, was heute in gesellschaftlichen Handlungsfeldern als selbstverständlich, evident, vernünftig usw. gilt, letztlich die

Folge eines historischen Prozesses ist, der aus einer Vielzahl von Möglichkeiten nur sehr begrenzte, eingeschränkte und einschränkende Formen – etwa Vorstellungen von ›normaler Sexualität‹ oder ›moralisch richtigem Handeln‹ – verfestigt und durchgesetzt hat (FOUCAULT 2005l: 703). Der Nachweis der Kontingenz unserer heutigen ›Normalitäten‹ soll dazu anregen, ›anders zu denken‹, Neues und Anderes praktisch zu wagen. Dabei geht es Foucault nicht darum, die historische Kontinuität von Phänomenen durch die Jahrhunderte hindurch nachzuzeichnen. Vielmehr will er betonen, wie unterschiedlich das jeweils erscheint, was für uns heute als fraglos gegeben gilt. Schlüsselbegriffe dazu sind seine Verweise auf das ›Zum-Ereignis-Machen‹ unserer Selbstverständlichkeiten, die ihrer Fraglosigkeit entkleidet und in ihrem Werden analysiert werden:

> »Der Bruch mit den Evidenzen, denjenigen Evidenzen, auf denen unser Wissen basiert, unser Konsens, unsere Praktiken. Dies ist die erste theoretisch-politische Aufgabe, die ich als Zum-Ereignis-Machen bezeichne. Das Zum-Ereignis-Machen besteht ansonsten darin, die Zusammenhänge, die Zusammentreffen, Unterstützungen, Blockaden, Kraftspiele, Strategien usw. wiederzufinden, die zu einem bestimmten Zeitpunkt dasjenige formierten, das anschließend als Evidenz, Universalität oder Notwendigkeit fungieren sollte« (FOUCAULT 2005i: 29).

Foucault spricht auch in etwas anderer Weise davon, es gehe darum, historische Phänomene wieder ›zum Ereignis zu machen‹. Damit ist nicht das gemeint, was gemeinhin als ›großes historisches Ereignis‹ verstanden wird, wie der Beginn und das Ende des Zweiten Weltkrieges. Vielmehr sei der ›Einzigartigkeit‹ eines historischen Umbruchs dadurch Rechnung zu tragen, dass er nicht einfach beispielsweise in eine Geschichte des wissenschaftlich-rationalen Fortschritts oder der Klassenkämpfe eingeordnet wird:

> »Unter einem Ereignis ist [...] die Umkehrung eines Kräfteverhältnisses [zu verstehen, Anm. RK] [...] Die Kräfte, die in der Geschichte am Werk sind, gehorchen weder einer Bestimmung noch einer Mechanik, sondern nur den Zufällen des Kampfes« (FOUCAULT 2002e: 180).

Häufig wählt Foucault für die Bezeichnung solcher Ansatzpunkte den Begriff ›Problematisierungen‹. Damit sind Bruchstellen der historischen Entwicklungen bezeichnet, in denen gesellschaftliche Routinen des Denkens und Handelns aufgrund unterschiedlichster Faktoren aufgebrochen, durch andere Formen ersetzt werden. Hier wird eine Parallele zur US-amerikanischen Philosophie des Pragmatismus (John Dewey u. a.) deutlich, einer Philosophie, die den problemlösenden Charakter von Denken und Handeln betont. Foucault kannte diese Positionen wohl, ohne ihnen aber explizit stärkere Bedeutung in seinen Arbeiten zuzuweisen. Seine Position wurde jedoch schon früh bspw. durch den Philosophen Richard Rorty oder die Philosophin Nancy Fraser damit in Verbindung gebracht. Inzwischen ist von einer (in Tunesien erfolgten) pragmatistischen Wende in Foucaults Werkgeschichte die Rede (DELEDALLE 2002):[23]

> »In der *Histoire de la folie* [*Wahnsinn und Gesellschaft*, Anm. R.K:] ging es darum herauszubekommen, wie und warum der Wahnsinn zu einem gegebenen Zeitpunkt durch eine bestimmte institutionelle Praxis und einen bestimmten Erkenntnisapparat problematisiert wurde. Und so ging es auch in *Surveiller et Punir* [*Überwachen und Strafen*, Anm. R.K:] darum, die Veränderungen in der Problematisierung der Beziehungen zwischen Delinquenz und Strafe durch die Strafpraktiken und die Institutionen der Strafverfolgung am Ende des 18. Jahrhunderts und zu Beginn des 19. Jahrhunderts zu analysieren« (FOUCAULT 2005j: 825f.; vgl. FOUCAULT 2005k).

›Problematisierungen‹ ergeben sich auch da, wo ein Körper- oder Geisteszustand, eine bestimmte Verhaltensweise – wie die Onanie – vor dem Hintergrund einer Normalitätsfolie als ›abweichend‹ und ›problematisch‹ bezeichnet und zum Gegenstand von Interventionen, einer Bearbeitung gemacht werden (FOUCAULT 1989b: 19f.). Immer spielen dabei nicht-diskursive, d. h. institutionell-organisatorische Praktiken (wie die Einsperrung der Wahnsinnigen) und diskursive Praktiken (etwa die

23 Vgl. insbesondere die Beiträge im Schwerpunktheft 11 der Foucault Studies zum Thema ›Foucault and Pragmatism‹ (KOOPMAN 2011).

wissenschaftlichen und juristischen Wissensgebiete, die sich um die Unterscheidung von Wahnsinn und Vernunft bemühen) zusammen. Das ist nicht einfach ein Gegensatz zwischen Handeln und Ideen – in beiden Fällen handelt es sich um historisch spezifische ›Regime von Praktiken‹, die sich auf immer wiederkehrende gesellschaftliche ›Problemlagen‹ beziehen und einen gewissen Allgemeinheitsgrad, eine gewisse Bedeutung in Anspruch nehmen können: die Bestimmung der Unterscheidung von Vernunft und Wahnsinn, Krankheit und Gesundheit, Verbrechen oder legales Handeln, die Rolle der Sexualität.

> »Die Untersuchung der *Problematisierungen* (ihrer Modi, das heißt von dem, was weder anthropologische Konstante noch chronologische Variation ist) ist also die Art und Weise, wie man Fragen von allgemeiner Bedeutung in ihrer historisch einzigartigen Form analysiert« (FOUCAULT 2005l: 706).

Bislang war bereits häufiger davon die Rede, dass Foucault von der Diskontinuität historischer Phänomene ausgeht. Dies lässt sich jetzt präzisieren. Wenn die Diskontinuität nämlich das Merkmal der historischen Abfolge von Wissensformen und Praxisregimen ist, dann bedeutet dies keineswegs eine Kapitulation der wissenschaftlichen Analyse vor dem historischen Prozess, sondern eine Herausforderung – es geht dann genau darum, die Unterschiedlichkeit der entsprechenden Transformationsprozesse herauszuarbeiten, d. h. »die abstrakte, allgemeine und monotone Form des ›Wandels‹, in der man so gerne das Aufeinanderfolgen denkt, durch die Analyse *unterschiedlicher Transformationstypen* zu ersetzen« (FOUCAULT 2001q: 864). Oder in anderen Worten: »Das Auffinden einer Diskontinuität ist nichts anderes als das Konstatieren eines zu lösenden Problems« (FOUCAULT 2005i: 29). In einer solchen Position und Vorgehensweise kommt natürlich ein unschätzbarer ›Vorteil‹ zum Vorschein, den der historische Blick gegenüber der Soziologie zu haben scheint: Aus der großen Distanz ist es sehr viel einfacher, entsprechende geschichtliche Momente der ›Problematisierung‹ auszumachen, als aus einer soziologischen Perspektive, die keinen zeitlichen Abstand zu dem haben kann, was sie untersucht.

Lösung von etablierten Denk- und Analysekategorien

Foucault fordert, sich bei der Zusammenstellung eines Datenkorpus' aus historischen Dokumenten bzw. Materialien von etablierten Kategorien und vermeintlich ›objektiven‹ Kenntnisständen des heutigen Denkens zu lösen. So argumentiert er anlässlich der Neueinführung des Begriffes ›Gouvernementalität‹:

> »Ich möchte Ihnen jedoch gleich sagen, daß die Entscheidung, über die Regierungspraxis zu sprechen [...], natürlich eine ganz explizite Weise ist, eine bestimmte Anzahl von Begriffen beiseite zu lassen, wie zum Beispiel Souverän, Souveränität, Volk, Untertanen, Staat, bürgerliche Gesellschaft, als erste, primitive oder gegebene Gegenstände: alle diese Universalien, die die soziologische und die historische Analyse oder die der politischen Philosophie verwenden, um die Regierungspraxis darzulegen. Ich möchte genau das Umgekehrte tun, d. h. von dieser Praxis ausgehen, wie sie sich darstellt, aber zugleich wie sie sich reflektiert und sich rationalisiert [...]. Mit anderen Worten, anstatt von Universalien auszugehen, um daraus konkrete Phänomene abzuleiten, oder vielmehr von Universalien als notwendigem Raster für das Verstehen einer bestimmten Zahl von konkreten Praktiken auszugehen, möchte ich von diesen konkreten Praktiken ausgehen und gewissermaßen die Universalien in das Raster dieser Praktiken einordnen« (FOUCAULT 2004b: 15).

Bezogen auf seine Untersuchung der *Geschichte des Wahnsinns* bedeutet das beispielsweise, die verschiedensten Materialien heranzuziehen – Verwaltungsdokumente, Bilder, Romane, philosophische Texte, Amtsstatistiken, medizinische Abhandlungen usw. –, um herauszuarbeiten, ob und wie in spezifischen historischen Zeitabschnitten die institutionellen und kategorialen Unterscheidungen von Wahnsinn und Vernunft vorgenommen wurden, und mit welchen Attributen jeweils die Seiten dieser Trennlinie versehen waren. In *Überwachen und Strafen* muss er sich zunächst von den gängigen Vorstellungen lösen, welche die Einführung der Gefängnisse als humanitären Fortschritt des Strafvollzugs und Folge der Aufklärung präsentierten. An deren Stelle tritt die Querschnittsanalyse historisch-gesellschaftlich verstreuter Praktiken des Überwachens und Strafens in Fabriken, Schulen, Klöstern, Gefängnissen, die ihn zur Entwicklung des diagnostischen Begriffs der ›Disziplinargesellschaft‹ führten. Foucault plädiert also für eine unbedingte Lösung von theoretischen und kategorialen Vorurteilen. Denn dadurch würden keine neuen Erfahrungen möglich, sondern nur die unreflektierte rückwärtige Projektion der gegenwärtigen Sicht in die Geschichte. Dies entziehe den untersuchten Gegenstandsfeldern jede Möglichkeit, ihre historische Eigenart zu entfalten und unser modernes Wissen zu irritieren. Eine solche Haltung kommt auch in vielen Interviews zum Ausdruck, in denen Foucault sich nicht in allgemeine Raster einordnen lassen will. Es gebe beispielsweise keinen Strukturalismus, sondern nur unterschiedliche Personen mit je verschiedenen Positionen; es gebe keine Philosophie, sondern nur Personen, die als Philosophen bezeichnet werden und Texte verfassen, heißt es dann.

Die Analyse der ›Problematisierungen‹ geht von gesellschaftlichen Praxisfeldern aus und schreitet von dort zu theoretischen Begriffen oder diagnostischen Verallgemeinerungen, zu typischen Strukturmustern, Regeln oder kategorialen Bestimmungen weiter. Gesellschaftlich-institutionelle Wissens- und Normformationen wie die Trennung von Wahnsinn und Vernunft oder von Gesundheit und Krankheit, aber auch Makrophänomene wie der ›Staat‹ werden als unbeabsichtigte Effekte des Zusammenspiels unterschiedlichster ›Strategien‹ und Machtbeziehungen in sozialen Praktiken betrachtet, der ›Staat‹ bspw. als spezifisches Gesamtprodukt unzähliger verstreuter Formen des ›Regierens‹.[24] Auch die ›Disziplinargesellschaft‹, von der in *Überwachen und Strafen* die Rede ist, gilt nicht

24 Im soziologisch-ethnomethodologischen Kontext lässt sich das als eine Form des ›doings‹ bzw. der Praktiken begreifen, wobei Foucault eher am situationsübergreifenden Zusammenhang und Musterbildungen interessiert ist, nicht an der Mikroanalyse einer einzelnen Situation – auch wenn er das hin und wieder zu Illustrationszwecken nutzt.

als Produkt einer konkreten Herrschafts- oder Machtposition im gesellschaftlichen Gefüge, sondern sie entsteht aus dem ganz normalen pragmatischen Bemühen um die Lösung konkreter Handlungsprobleme in unterschiedlichsten Praxisfeldern, etwa aus dem Problem, dass es bei misslingenden öffentlichen Hinrichtungen zu Aufständen und Solidarisierungen der Bevölkerung mit den Verurteilten kam. Das Konzept der ›Disziplinargesellschaft‹, aber auch Begriffe wie ›Disziplinarmacht‹, ›Souveränitätsmacht‹, ›Bio-Macht‹ sind das Ergebnis materialer Analysen. Sie bezeichnen Phänomene, die Foucault mit Hilfe der Daten und aus den Daten heraus rekonstruiert. Er schlägt damit vor, nicht durch theoretische Vorstrukturierungen einen reduzierenden Blick auf die empirischen Daten zu richten, sondern umgekehrt, aus den Daten heraus Perspektiven und Erfahrungen zu gewinnen.

Kausale Demultiplikation

Hinter der bislang erläuterten Vorgehensweise steht ein Komplex von Annahmen über Ursache-Wirkungsbeziehungen und Erklärungsleistungen sozial- und geisteswissenschaftlicher Vorgehensweisen. Zunächst lehnt Foucault unilineare Erklärungsstrategien ab, welche – wie die marxistische Tradition – unterschiedlichste gesellschaftliche Phänomene auf die ökonomische Basis der Gesellschaft zurückführen. Der französische Philosoph Paul Ricœur (1913-2005; vgl. MATTERN 1996) hatte den Begriff der ›Hermeneutik des Verdachts‹ für – nicht nur marxistische, sondern auch psychoanalytische – Erklärungsstrategien geprägt, die empirische Erscheinungen (Gesetze, Bücher, Bilder, Filme etc.) als Ausdruck von etwas Anderem deuteten, das sich ›hinter dem Text‹ befindet, z. B. eine spezifische Position im Klassenkampf oder, in der Psychoanalyse, das individuelle ›Unbewusste‹ der unterdrückten Triebe und Begierden (vgl. MATTERN 1996: 61). Zwar finden sich auch in den Arbeiten Foucaults – vor allem in *Wahnsinn und Gesell-*

schaft und *Überwachen und Strafen* – immer wieder allgemeine Hinweise auf sozioökonomische Hintergrundbedingungen, insbesondere auf das heraufkommende Industriezeitalter und die moralisch-ökonomischen Bestrebungen, eine spezifische Arbeitsethik des Kapitalismus durchzusetzen. Damit wird den ökonomischen Bedingungen eine wichtige Rolle zugestanden, aber dennoch bleibt Foucault weit entfernt vom Ökonomismus der marxistischen Tradition. Sehr viel ausgeprägter erscheint seine Strategie, Suchbewegungen in unterschiedlichste Richtungen zu starten und Parallelen, Strukturähnlichkeiten zwischen Phänomenen oder Entwicklungen zu erkunden, die vielleicht besser im Sinne der von Max Weber (2007) in seiner *Protestantischen Ethik* formulierten Idee der ›Wahlverwandtschaften‹ verstanden werden können. Auch die Frage nach den gesellschaftlichen Effekten, die sich aus einer Vielzahl einzelner Handlungsweisen oder Praktiken ergeben, ähnelt der Position Webers. Immer geht es Foucault dabei um das Zusammenspiel von Handlungsweisen (Praktiken) und Aussageweisen (Diskurse), von ›Sichtbarem‹ und ›Sagbarem‹ (vgl. DELEUZE 1987: 47ff.). So schreibt er über *Wahnsinn und Gesellschaft*:

> »Auf der einen Seite haben wir Institutionen, Praktiken, eingespielte Verhaltensweisen, etwa die Art und Weise, wie Polizei, Familie oder Justiz die Irren klassifizierten, aussonderten und einsperrten; über diese Praxis wurde kaum gesprochen [...]. Auf der anderen Seite wurden diese Institutionen und Praktiken im Bereich des Wahnsinns durchaus bis zu einem gewissen Punkt von einem philosophischen, religiösen, juristischen und vor allem medizinischen Diskurs gestützt. Diesen Komplex aus ›Praktiken und Diskurs‹ habe ich die Erfahrung des Wahnsinns genannt – übrigens keine gute Bezeichnung, da es sich nicht wirklich um eine Erfahrung handelt« (FOUCAULT 2002g: 252f.).

Foucault wendet sich auch gegen funktionalistische Erklärungsmodelle, die das Zustandekommen eines Phänomens als notwendig sich ergebende Lösung eines spezifischen gesellschaftlichen Handlungsproblems erklären. Denn was, wann, warum und wie als ›Effekt‹ gesellschaftliche Gestalt annimmt, gerade das will Foucault verstehen und erklären. Er nimmt dazu unterschiedlichste, ›verstreute‹ gesellschaftliche beziehungsweise institutionell-organisatorische Praxisfelder in den Blick und fragt nach der ›Produktivität‹ der dort beobachtbaren Handlungsweisen, also nicht nur danach, was sie hervorgebracht hat und welche Regelmäßigkeiten darin vorkommen, sondern gleichzeitig auch nach dem, was sie selbst ›hervorbringen‹. Damit sind nicht (nur) die beabsichtigten Folgen anvisiert, sondern die sich akkumulierenden ungewollten Konsequenzen. Metaphorisch sprach er bisweilen auch vom ›kulturellen Unbewussten‹, dem sein Interesse gelte, also von dem, was jenseits der bewussten, intendierten Handlungsweisen steht (vgl. FOUCAULT 2002h: 230; vgl. dazu BUBLITZ 1999). An die Stelle eindeutiger Kausalbeziehungen tritt die »kausale Demultiplikation«. Sie »besteht darin, das Ereignis den vielfältigen Prozessen entsprechend zu analysieren, die es konstituieren« (FOUCAULT 2005i: 29f.).

Erstellung des Datenkorpus'

›Daten‹ sind für Foucault im Prinzip alle möglichen ›empirischen Formate‹, die in der Geschichte materiale Spuren hinterlassen haben und damit für die Analyse noch verfügbar sind. Dazu zählen Texte aus Verwaltungs- und Organisationsarchiven (wie Protokolle und Berichte über Verhöre, Straferlasse, Beschwerdebriefe, Tabellen, Listen, Statistiken, Anordnungen und Reglements, Gebäudeskizzen, Tagesordnungen, Anweisungen für Mitarbeiter),[25] wissenschaftliche sowie philosophi-

25 In einigen Büchern lässt Foucault die Daten ›für sich‹ sprechen. Dazu zählen etwa *Der Fall Rivière*, bei dem unterschiedlichste Dokumente um einen spektakulären historischen Mordfall versammelt werden; die Textsammlung *Über Hermaphrodismus* mit der selbst erzählten Geschichte des Hermaphroditen Herculine Barbin (FOUCAULT/BARBIN 1998) oder die zusammen mit der Historikerin Arlette Farge verfasste Publikation von Anklagebriefen (›lettres de cachet‹), die unter dem Titel *Familiäre Konflikte* erschienen ist (FARGE/FOUCAULT 1989). Es handelt sich hier um eine Zusammenstellung von Briefen ›einfacher Leute‹ an

sche Schriften, aber auch literarische Erzeugnisse wie der *Don Quijote* von Miguel de Cervantes oder Bilder wie *Die Hoffräulein* des spanischen Malers Diego Velázquez, die überbordenden Tableaus eines Hieronymus Bosch und vieles andere mehr. Ähnlich wie Teilen der qualitativen Sozialforschung geht es Foucault um ›natürliche Daten‹, d.h. um Materialien, die in den gesellschaftlichen Praxisfeldern selbst entstanden sind. Gerade auch wissenschaftliche Texte der Vergangenheit werden in diesem Sinne als Primärdaten behandelt, die es zu analysieren gilt, nicht als Sekundärquellen, auf denen die eigene Analyse aufbaut. Positionen und Argumente, die nicht direkt in Auseinandersetzung mit solchen materialen historischen Quellen entstanden sind, lehnt Foucault entschieden ab.

»All diese Praktiken, Institutionen und Theorien behandle ich auf der Ebene von Spuren, und das heißt fast immer von sprachlichen Spuren« (FOUCAULT 2001S: 645). Die Zusammenstellung solcher Spuren zu einem Datenkorpus erfolgt nun nicht vorab, sondern sukzessive nach Maßgabe der theoretischen Fragestellungen und Zwischenergebnisse einer Untersuchung. Diese Vorgehensweise erfordert Suchbewegungen in verschiedenste Richtungen und zwingt zur gezielten Auswahl, richtet sich auf alles, was im Zusammenhang eines Problems wichtig sein könnte. Sie verlange, so Foucault, große Sorgfalt bei der Zusammenstellung des Datenkorpus und sie müsse sich notwendig heuristischer Vorannahmen – etwa der Orientierung an bekannten Themen (wie die Thematisierungen des Wahnsinns, die Formen des Überwachens und Strafens) oder Ereignissen (wie der Einführung des ›Hôpital Général‹ in Paris im Jahre 1656, in dem unter anderem die ›Irren‹ eingesperrt wurden) – bedienen, um ein solches Korpus zusammenzustellen. Sie müsse aber gleichzeitig in der Lage sein, diese Heuris-

den französischen König, in denen sie unter Hinweis auf bestimmte ›Verfehlungen‹ um die Verhaftung und Bestrafung eines Familienmitgliedes bitten (etwa ihres Ehemannes oder ihrer Ehefrau).

tik revidieren und modifizieren zu können, wo sie in die Irre leitet oder sich als Sackgasse entpuppt:

»In dem weitaus verschwommeneren Bereich, den ich untersuche, ist das Korpus in einem gewissen Sinne unbestimmt: Es wird einem niemals gelingen, die Gesamtheit der über den Wahnsinn gehaltenen Diskurse zu bilden, selbst wenn man sich auf einen gegebenen Zeitabschnitt und ein gegebenes Land beschränkt. Für das Gefängnis hätte es keinen Sinn, sich auf die über das Gefängnis geführten Diskurse zu beschränken. Denn es gibt gleichermaßen die Diskurse, die aus dem Gefängnis stammen, die Entscheidungen und die Reglementierungen, die konstitutive Elemente des Gefängnisses sind, und das eigentliche Funktionieren des Gefängnisses [...]. Alles das muss sowohl gesammelt, als auch zum Erscheinen gebracht werden« (FOUCAULT 2002j: 914f.).

Foucault zielt nicht auf die detaillierte und vollständige Fallanalyse eines ausgewählten und eng umrissenen historischen Forschungsgegenstandes in dem Sinne, dass er die tatsächlichen, in einem gegebenen historischen Moment, an einem konkreten historischen Ort in einer Gesellschaft vorfindbaren Umgangsweisen mit ›den Wahnsinnigen‹ komplett erfassen und darstellen wolle, wie sie damals existierten. Auf entsprechende Lücken, übersehene Phänomene und Fehleinschätzungen in seinen Studien haben Historiker wiederholt aufmerksam gemacht, und Foucault hat sich diesen Diskussionen hin und wieder gestellt, nicht immer frei von Polemik (vgl. PERROT 1980; FOUCAULT 2005h; BRIELER 1998a). Seine Antwort lautet, dass es ihm niemals in diesem Sinne um Vollständigkeit und Exaktheit der historischen Analyse gegangen sei, sondern eben um die Bearbeitung spezifischer (theoretischer) Fragen oder Probleme durch die Analyse empirischer Daten. Deshalb ziele er durch bewusste Auswahl auf die Entwicklung von allgemeinen Tendenzen, typisierbaren Strukturen oder Mustern und die Einschätzung von deren Bedeutung für unser heutiges Selbst-Verständnis:

»Wer eine *Periode* oder zumindest eine Institution im Verlaufe einer Periode untersuchen möchte, für den sind unter anderem zwei

Regeln unbedingt erforderlich: die erschöpfende Behandlung des gesamten Materials und eine angemessene chronologische Einteilung der Untersuchung. Wer hingegen ein *Problem* untersuchen will, das zu einem bestimmten Zeitpunkt auftrat, muss anderen Regeln folgen: Auswahl des Materials nach Maßgabe der Gegebenheiten des Problems; Fokussierung der Analyse auf diejenigen Elemente, die zu seiner Lösung geeignet erscheinen; Herausarbeiten von Verbindungen, die diese Lösung möglich machen. Und somit Gleichgültigkeit gegenüber der Forderung, alles zu sagen, und sei es auch nur, um die Jury der versammelten Spezialisten zufrieden zu stellen« (FOUCAULT 2005h: 16f.).

Arbeit am Datenmaterial: Interpretative Analytik

Wie arbeitet Foucault nun konkret ›am Datenmaterial‹? Folgt man seinen eigenen Aussagen, dann handelt es sich um eine ernsthafte und anstrengende Quellenarbeit ›nach Art der Historiker‹. Foucault spricht meist von ›beschreiben‹ oder ›behandeln‹, wenn er seine konkrete Analyse-Arbeit des Deutens, Verstehens, Kommentierens, Zerlegens und Zusammensetzens von Dokumenten bezeichnet (z.B. FOUCAULT 2002d: 346); nähere Hinweise zu einer exakten ›Methode‹ seines Vorgehens fehlen.[26] Gleichzeitig wendet er sich immer wieder gegen die ›Interpretation‹ solcher Daten. Was ist damit gemeint? Foucault spricht von ›Interpretation‹ und ›Hermeneutik‹ in dem Sinne, wie diese Begriffe in den philosophischen und intellektuellen Debatten eingeführt waren: Von ›Interpretation‹ oder ›Hermeneutik des Verdachts‹ (Paul Ricœur) ist die Rede, wenn ein Text, ein Gegenstand der Analyse, auf etwas bezogen wird, was außerhalb seiner selbst liegt, wie in der marxistischen Tradition auf Positionen im Klassenkampf, bei Freud auf die Triebkräfte des Unbewussten (vgl. FOUCAULT 2001k). Heideg-

26 Keller (2011a) enthält Vorschläge zur methodischen Konkretisierung der Diskursforschung im Anschluss an Foucault.

ger wiederum nannte seine Philosophie ›Hermeneutik des Daseins‹; er bezeichnete damit die philosophische Erkundung der Grundstrukturen menschlicher Existenz. Wenn Foucault ablehnend von ›Interpretation‹ und ›Hermeneutik‹ spricht, dann bezieht er sich auf solche Verwendungsweisen, die für ihn allesamt spekulativ und ohne empirischen Bezug bleiben (vgl. FOUCAULT 2001b: 982f.).[27] Foucaults eigenes Arbeiten lässt sich demgegenüber vielleicht als »Hermeneutik der Oberfläche« (KELLER 2015) verstehen.

Hubert Dreyfus und Paul Rabinow benutzten einen anders akzentuierten Begriff der ›Interpretation‹, als sie Foucaults Vorgehensweise als ›Interpretative Analytik‹ bezeichneten, die zwar Elemente aus Strukturalismus und philosophischer Hermeneutik aufgreife, aber letztlich beide Ansätze überwinde:

> »Während die Analyse unserer gegenwärtigen Praktiken und deren historischer Entwicklung eine disziplinierte, konkrete Sache ist, auf die man ein Forschungsprogramm gründen könnte, läßt sich die Diagnose, die zunehmende Organisierung von allem und jedem sei das zentrale Problem unserer Zeit, auf keinerlei Weise empirisch nachweisen, sondern tritt eher als Interpretation auf. Die Interpretation erwächst aus pragmatischen Anliegen und hat pragmatische Absichten, und genau aus diesem Grund kann sie von anderen Interpretationen, die aus anderen Interessen erwachsen, angefochten werden« (DREYFUS/RABINOW 1987: 23).

Der Interpretationsbegriff bezieht sich hier auf das, was man als Begründung für die Themenauswahl oder auch als verallgemeinernde diagnostische Schlussfolgerung einer Analyse bezeichnen könnte. Er meint nicht die damit in der heutigen qualitativen Sozialforschung anvisierten forschungspraktischen Schritte der kontrollierten Deutungs-Arbeit am Material, den textförmig vorliegenden Quellen. Foucault besteht gegen die ›Hermeneutik des Verdachts‹ darauf, er suche keine ›Tiefe‹, kein dahinter oder darunter liegendes Außerhalb des

27 Vgl. Ricoeur (2010) sowie allgemein zur Hermeneutik Jung (2018) und Kurt (2004), zur sozialwissenschaftlichen Hermeneutik Hitzler und Honer (1997).

Textes, sondern betreibe eine Analyse seiner ›Oberfläche‹. Ein Durchgang durch Foucaults Studien bis hin zu den letzten Bänden von *Sexualität und Wahrheit* zeigt, dass dies keine einfache Zusammenfassung von Inhalten bedeutet, sondern ihre Zergliederung, Sortierung, Kommentierung, Kontrastierung und Zusammenführung im Hinblick auf Muster oder Regelmäßigkeiten innerhalb eines Feldes von verstreuten Praktiken. Foucault arbeitet rekonstruktiv und, indem er sagt, was ›die Texte‹ sagen, unweigerlich text-deutend, also interpretativ im Sinne der qualitativen Sozialforschung (HITZLER/HONER 1997), ohne jedoch eine Methodologie sozialwissenschaftlicher Hermeneutik – im Sinne der Reflexion, des Ausweisens und der Kontrolle von Schritten der Textanalyse – vorzulegen. Dennoch lässt sich sein methodisches Vorgehen sehr wohl als ›interpretative Analytik‹ bezeichnen, wenn auch aus anderen Gründen, als dies Dreyfus und Rabinow vorgeschlagen hatten: Foucault bearbeitet seine Daten nach analytischen Kriterien und arrangiert sie neu; er will nicht ihre Einheit retten, sondern enthaltene Regelmäßigkeiten, Implikationen, Unterscheidungen, Effekte deutlich machen. Als konkrete Deutungsarbeit an der ›Oberfläche der Texte‹ enthält eine solche Vorgehensweise unweigerlich interpretierende Momente. Foucaults ›Methode‹ unterscheidet sich beträchtlich von der ›Dekonstruktion‹ (CULLER 1999) Jacques Derridas, die oberflächliche Sinnkonsistenzen in Texten durch extensive Lektüre als Widersprüche enttarnen will:

> »Man sieht, wie weit man von einer Analyse in Form der Dekonstruktion entfernt ist (jede Vermischung zwischen diesen beiden Methoden wäre unvorsichtig). Es handelt sich im Gegenteil um eine kritische Analysebewegung, über die versucht wird herauszufinden, wie die verschiedenen Lösungen für ein Problem erstellt werden konnten, aber auch, wie diese verschiedenen Lösungen zu einer spezifischen Problematisierungsform gehören« (FOUCAULT 2005k: 733).

Analysebegriffe

Foucault hat in seinen Arbeiten einige allgemeine Konzepte entwickelt, die sich auf seine Vorgehensweise beziehen und bis heute eine zentrale Rolle in der Auseinandersetzung mit seinem Werk spielen. Sie werden im Folgenden vorgestellt.

Archäologie und Genealogie

Mit den Immanuel Kant und Friedrich Nietzsche entlehnten Begriffen der ›Archäologie‹ und der ›Genealogie‹ bezeichnete Foucault seinen allgemeinen Forschungsstil einer historisch-empirisch orientierten Analyse gesellschaftlicher ›Wahrheitsspiele‹. Diese Begriffe markieren den Neuigkeitswert seiner Vorgehensweise im Unterschied zu philosophischen Analysen einerseits, Ideengeschichte, Wissenschaftsgeschichte oder gängigen Geschichtsschreibungen einzelner gesellschaftlicher Phänomenbereiche andererseits. Sie liegen nahe beieinander, betonen eher Akzentverschiebungen als völlig unterschiedliche Forschungsinteressen. So schreibt er in einem seiner letzten Texte, die ›kritische Ontologie der Gegenwart‹ sei

> »genealogisch in ihrer Finalität und archäologisch in ihrer Methode. Archäologisch – und nicht transzendental in dem Sinne, dass sie nicht versuchen wird, die allgemeinen Strukturen jeder Erkenntnis oder jeder möglichen moralischen Handlung herauszulösen, sondern die Diskurse zu behandeln, die das, was wir denken, sagen und tun, als gleichermaßen historische Ereignisse zum Ausdruck bringen. Und diese Kritik wird in dem Sinne genealogisch sein, als sie nicht aus der Form dessen, was wir sind, ableiten wird, was uns zu tun oder zu erkennen unmöglich ist; sie wird vielmehr aus der Kontingenz, die uns zu dem gemacht hat, was wir sind, die Möglichkeit herauslösen, nicht mehr das zu sein, zu tun oder zu denken, was wir sind, tun oder denken [...]« (FOUCAULT 2005l: 702f.).

Auch an anderer Stelle betont Foucault das Ineinandergreifen von Archäologie und Genealogie. Während Erstere auf »die

Formen der Problematisierung selbst« ziele, also gewissermaßen einen historischen Moment im Querschnitt analysiere, gehe es Letzterer um die Analyse der »Formierung der Problematisierungen ausgehend von den Praktiken und deren Veränderungen« (FOUCAULT 1989b: 19). Die Genealogie interessiert sich für die historischen Wandlungsprozesse als Folge von Kämpfen im Feld von ›Macht‹ und ›Wissen‹ (s. u. S. 98ff.; vgl. FOUCAULT 1992: 33ff.; DELEUZE 1987).

Zunächst wählte Foucault den Begriff ›Archäologie‹, um sein philosophisch-historisches Forschungsprogramm zu bezeichnen. *Wahnsinn und Gesellschaft* erscheint 1962 im Untertitel als *Geschichte des Wahnsinns*; von ›Archäologie‹ ist im Vorwort erstmals die Rede. Die wenig später veröffentlichte Studie über die *Geburt der Klinik* trägt bereits den Untertitel *Eine Archäologie des ärztlichen Blicks*; 1966 handelt es sich bei *Die Ordnung der Dinge* um eine *Archäologie der Humanwissenschaften* und 1969 ist Foucault in der *Archäologie des Wissens* bemüht, sein Vorgehen in einer allgemeinen theoretisch-methodologischen Grundlegung vorzustellen. Der Kant'sche Begriff der ›Archäologie‹, der auch von Canguilhem oder Dumézil benutzt wird, dient ihm dazu als Name (FOUCAULT 2002k: 270).[28] Die Foucault'sche ›Archäologie‹ ist das Programm einer neuartigen philosophisch-historischen ›Ausgrabungsarbeit‹ (vgl. FOUCAULT 2001c: 776ff. im Anschluss an Nietzsche) geschichtlicher Konfigurationen von Praktiken und Diskursen als ›Monumente‹ (ein Canguilhem entlehnter Begriff). Das bedeutet, dass sie in ihrer eigenen Erscheinungsweise zum Gegenstand der Analyse gemacht werden, nicht als Beleg oder Beispiel eines geschichtlichen Prozesses. Diese ›Archäologie‹ gräbt die aus nicht-diskursiven und diskursiven Praktiken bestehenden Wissensordnungen vergangener Zeitalter aus, ohne Stellung zu deren Wahrheits- und Sinngehalten zu nehmen. Stattdessen zielt sie darauf, all-

28 Kant sprach von der Idee einer ›Geschichte der reinen Vernunft‹. Den nicht genauer spezifizierten Begriff der ›Archäologie‹ erwähnt er auf einem Notizzettel, den Foucault gelesen hatte. Vgl. dazu Schneider (2004b, insbes. S. 85ff.)

gemeine Muster, Strukturen oder Regelmäßigkeiten innerhalb der aus sehr heterogenen Bestandteilen bestehenden ›Monumente‹ zu rekonstruieren:

> »Mit ›Archäologie‹ meine ich kein Fachgebiet, sondern ein Forschungsfeld, das etwa folgendermaßen aussieht: Kenntnisse, philosophische Ideen und Alltagsansichten einer Gesellschaft, aber auch ihre Institutionen, die Geschäfts- und Polizeipraktiken oder die Sitten und Gebräuche verweisen auf ein implizites Wissen, das dieser Gesellschaft eigen ist. [...] und genau dieses Wissen wollte ich untersuchen, als Bedingung der Möglichkeit von Kenntnissen, Institutionen und Praktiken. [...] Man wird wahrscheinlich uneingestanden eine Wahl treffen, aber eigentlich dürfte es keine Auswahl geben. Man müsste alles lesen, alles studieren. Anders gesagt, man müsste über das gesamte allgemeine Archiv einer Zeit zu einem bestimmten Zeitpunkt verfügen. Und die Archäologie im strengen Sinne ist die Wissenschaft dieses Archivs« (FOUCAULT 2001s: 645f.).

Es gehe um »diese ganze sprachliche Masse« der »in einer Kultur gesagten Dinge«, welche die Menschen hervorgebracht und in ihre Techniken und Institutionen gesteckt haben [...]« (FOUCAULT 2001t: 1000). Das dient als Grundlage für eine rekonstruktive Analyse der Mechanismen, die dem Auftauchen einer spezifischen Aussage, eines Diskurses, einer nicht-diskursiven Praxis, ihrer Aufbewahrung und Folgen sowie dem Verhältnis zwischen diesen Elementen zugrunde liegen (FOUCAULT 2001q: 869ff.).

Obwohl *Wahnsinn und Gesellschaft* oder *Die Geburt der Klinik* sowohl diskursive wie nicht-diskursive Praktiken in den Blick nahmen, richtet Foucault vor dem Hintergrund seiner Wissenschaftsstudie über *Die Ordnung der Dinge* den Begriff der Archäologie in der *Archäologie des Wissens* nahezu ausschließlich auf die Dimension des ›Wissens‹ bzw. ›Diskurses‹. Hier macht er den Versuch, sein allgemeines theoretisches und methodologisches Programm zu formulieren. Schon in den späten 1960er-Jahren ist er damit nicht ganz glücklich. In Interviews erläutert er, er habe den Begriff der ›Archäologie‹ zunächst etwas ›blind‹ benutzt, um nicht von Geschichtsschreibung oder Epistemologie zu sprechen. Ihn störe jedoch der darin etymologisch enthaltene Verweis auf den ›Anfang‹ (gr. ›archè‹) und die ›Idee der Ausgrabungen‹, da er nicht auf das Verborgene ziele, sondern auf die Oberfläche der Diskurse. Auf das in der *Archäologie* formulierte Programm kommt er in seinen späteren Analysen nicht mehr zurück. Stattdessen entwickelt er sukzessive ein analytisches Verständnis des Zusammenhangs von ›Macht‹ und ›Wissen‹, das seinem Interesse an der Untersuchung von ›Problematisierungen‹ eher zu entsprechen scheint. Dafür findet er bei Nietzsche den Begriff der ›Genealogie‹. Foucault schreibt darüber nur wenig. Bei der vorgenommenen Akzentverlagerung handelt es sich auch um eine Reaktion auf einen Vorwurf, der in den 1960er-Jahren insbesondere an *Die Ordnung der Dinge* herangetragen wurde: Er beschreibe in seinen Untersuchungen diskontinuierliche Abfolgen von Praxisregimen, ohne sich der Frage nach dem Warum und Wie ihres Wandels zu stellen. Darauf antwortet die ›Genealogie‹, indem sie die historischen Veränderungen als Ergebnis von Verschiebungen gesellschaftlicher Konfliktlinien und Macht-/Wissens-Konstellationen in den Blick nimmt.

Unter der genealogischen Vorgehensweise versteht Foucault seine Analyseperspektive ab Anfang der 1970er-Jahre. Sie verfolgt über historische Zeiträume hinweg ausgewählte Formen der ›Problematisierung‹ in gesellschaftlichen Handlungsfeldern, arbeitet komplexe Macht-/Wissens-Konfigurationen heraus und untersucht deren Transformationen. Während die ›Archäologie‹ historische Momentaufnahmen im Hinblick auf ›Regelstrukturen‹ befragte, stellt sich die ›Genealogie‹ expliziter den Fragen des historischen Wandels und der gegenwartsbezogenen politischen Implikationen des wissenschaftlichen Arbeitens. Sie verzichtet auf die Suche nach Ursprüngen und fragt stattdessen nach der ›Herkunft‹ oder ›Entstehung‹ solcher Problematisierungen, d.h. nach den jeweiligen Kräfteverhältnissen, den ›Spielen der Macht‹ und den ›Spielen der Wahrheit‹, die sie hervorbringen:

> »Das komplizierte Netz der Herkunft aufdröseln heißt vielmehr festhalten, was in der ihr eigenen Zerstreuung geschehen ist; es

heißt die Zufälle, die winzigen Abweichungen – oder totalen Umschwünge –, die Irrtümer, falschen Einschätzungen und Fehlkalkulationen nachvollziehen, die hervorgebracht haben, was für uns existiert und Geltung besitzt; es heißt entdecken, dass an der Wurzel dessen, was wir erkennen und was wir sind, nicht die Wahrheit liegt und auch nicht das Sein, sondern die Äußerlichkeit des Zufalls« (FOUCAULT 2002e: 172).

Mit der genealogischen Perspektive verbindet Foucault zugleich das ›politische‹ Anliegen einer Untersuchung und Zutageförderung von ›unterworfenem Wissen‹ und dominierten Wissensformen (FOUCAULT 1999: 14ff.; vgl. dazu auch SAAR 2007).

Diskurs

Der Begriff ›Diskurs‹ gehört sicherlich zu den folgenreichsten Konzepten Foucaults. In seinem Buch *Archäologie des Wissens* rückte er ihn in den Mittelpunkt der theoretisch-methodologischen Reflexion. In der Folge hat sich eine lebendige Forschungsszenerie der Diskursforschung in den Sozialwissenschaften entwickelt, obwohl er selbst später kaum auf seine Überlegungen in der *Archäologie* rekurrierte. Zunächst bestimmte Foucault dort sein Vorhaben der Analyse von Diskursen vor allem in Abgrenzung zur Ideengeschichte und zur Sprachwissenschaft. Erstere bewegte sich auf der Ebene ›großer philosophischer Werke‹, der Fortschritte von Wissensentwicklungen, der Kommentierung von ›wichtigen Texten und Ideen‹ und der Analyse von Rezeptions- und Diskussionsbezügen. Letztere stellte Fragen nach der Sprachentwicklung und dem Funktionieren der Sprache. Foucault interessiert sich jedoch für etwas anderes. Ihm geht es um die empirische Wirklichkeit, um die konkreten Phänomene des Gebrauchs von Sprache zum Aufbau unserer Erfahrung von Welt, d. h. um Sprache als Medium von ›Wissen‹. ›Diskurse‹ sind auf Dauer gestellte Aussagepraktiken, deren Formen und Inhalte Regelmäßigkeiten aufweisen. Die Soziologie lässt sich beispielsweise als Diskurs begreifen, der durch formale Merkmale – Kriterien wissenschaftlicher Argumentation, die sich zum großen Teil auch in anderen Disziplinen finden –, und durch inhaltliche Spezifizierungen bestimmt werden kann und an zahlreichen verstreuten Orten, in Texten, Vorträgen, Lehrveranstaltungen, Zeitungsartikeln, Interviews in Erscheinung tritt.

Foucault betont diese ›Materialität‹ der Diskurse: Sie bestehen aus tatsächlich vollzogenen Sprachhandlungen des Redens, Schreibens und Protokollierens, das heißt aus ›diskursiven Praktiken‹, die in historischen Archiven, in Büchern oder unterschiedlichsten Textsorten als ›Äußerungen‹ dokumentiert und der Analyse zugänglich sind. Er verfolgt weder sprachwissenschaftliche Fragestellungen noch Gesichtspunkte ihres ›Wahrheitsgehaltes‹, sondern zielt auf die Art und Weise, wie Diskurse ›Wissen‹ und damit ›Gegenstände‹ oder ›Phänomene‹ konstituieren. So heißt es (noch in enger Anlehnung an strukturalistische Argumente) in *Die Geburt der Klinik* über den ›Diskurs der medizinischen Erfahrung‹:

> »Über das Denken der anderen zu sprechen, sagen zu wollen, was sie gesagt haben, bedeutet üblicherweise, daß man eine Analyse des Signifikats anstellt. [...] Wäre nicht [stattdessen, Anm. RK] eine Diskursanalyse möglich, die in dem, was gesagt worden ist, keinen Rest und keinen Überschuß, sondern nur das Faktum seines historischen Erscheinens voraussetzt? Man müßte dann eben die diskursiven Tatsachen nicht als autonome Kerne vielfältiger Bedeutungen behandeln, sondern als Ereignisse und funktionelle Abschnitte, die ein sich allmählich aufbauendes System bilden. Der Sinn einer Aussage wäre nicht definiert durch den Schatz der in ihr enthaltenen Intentionen [...] sondern durch die Differenz, die sie an andere wirkliche und mögliche, gleichzeitige oder in der Zeit entgegengesetzte Aussagen anfügt« (FOUCAULT 1976: 15).

Foucaults Vorschläge orientieren sich in Teilen an der schon erwähnten *Annales*-Schule und deren ›serieller Geschichte‹, die unterschiedlichste statistische Daten auswertete, etwa über Jahre hinweg die Handelsumsätze in Seehäfen, Brotpreise und dergleichen mehr (vgl. FOUCAULT 1974b: 41). Ähnlich können auch die Ereignisse des Sprachgebrauchs, die ›diskursiven Ereignisse‹,[29] als Teil einer Serie von Äußerungen begriffen werden. Ein Satz oder ein Artikel lässt sich beispielsweise der ›Psychologie‹ zurechnen, weil er Ähnlichkeiten mit einer Vielzahl von anderen Äußerungen zeigt. Foucault weist darauf hin, man könne

> »die Diskursserien betrachten, die im 17. und 18. Jahrhundert von Reichtum und Armut, von der Währung, von der Produktion, vom Handel sprechen. [...] Es läßt sich auch an eine Untersuchung denken, welche die Diskurse über die Vererbung beträfe, wie man sie bis zum Beginn des 20. Jahrhunderts auf verschiedene Disziplinen, Beobachtungen, Techniken und Vorschriften aufgeteilt und zerstreut finden kann« (FOUCAULT 1974b: 47).

Das Meer der tatsächlichen und unweigerlich nur zum Teil in den Archiven dokumentierten diskursiven Ereignisse bildet die allgemeine Datengrundlage einer solchen Forschung. Doch die einzelne Äußerung interessiert Foucault nur insoweit, wie sie Trägerin einer ›Aussage‹ ist, d. h. einer typischen Wissensfigur oder -behauptung. Deswegen können unterschiedliche Äußerungen die gleiche Aussage formulieren, auch wenn sie von verschiedenen Personen getätigt wurden oder in unterschiedlichen textlichen Formaten – als Vortrag und mündliche Rede, als Bild, als Statistik, als Buch – in Erscheinung treten. ›Aussagen‹ sind die Kernelemente eines Diskurses. Bei der *diskurs*bezogenen Archäologie handele es sich um das

> »Vorhaben einer *reinen Beschreibung der diskursiven Ereignisse* als Horizont für die Untersuchung der sich darin bildenden Einheiten. [...] Das Feld der diskursiven Ereignisse [...] ist die stets endliche und zur Zeit begrenzte Menge von allein den linguistischen Sequenzen, die formuliert worden sind; sie können durchaus zahlreich sein, sie können durch ihre Masse jegliche Aufnahme-, Gedächtnis- oder Lesekapazität übersteigen: sie konstituieren dennoch eine endliche Menge. [...] Die Beschreibung der diskursiven Ereignisse stellt eine

29 Foucault benutzt den Begriff in zweifacher Weise: bezogen auf die konkreten Äußerungen (Mikroereignisse), aus denen ein Diskurs besteht, und für eine ›Großverschiebung‹ (Makroereignis) auf der Ebene eines Gesamtdiskurses oder zwischen Diskursen.

völlig andere Frage [als die Sprachanalyse, Anm. RK]: wie kommt es, dass eine bestimmte Aussage erschienen ist und keine andere an ihrer Stelle?« (FOUCAULT 1988a: 41f.).

Die Analyse von Diskursen dürfe nicht, so fordert Foucault weiter, an vorgängig etablierten Einheiten orientiert sein. Weder der Name einer wissenschaftlichen Disziplin könne in diesem Sinne das unumstößliche Auswahlkriterium liefern, noch beispielsweise die angenommene Einheit eines Gesamtwerkes oder Autors. Nicht überall, wo ›Soziologie‹ im Titel geführt wird, handelt es sich notwendig um ›soziologische‹ Aussagen, und nicht immer, wenn Max Weber als Autor angegeben ist, handelt es sich um die gleiche Form der Argumentation und Aussage. Die Analyse von Diskursen bewegt sich tastend vorwärts; sie muss aus der Vielfalt der archivierten Äußerungen auswählen und orientiert sich dazu aus heuristischen Gründen beispielsweise an Themen (wie ›Umgang mit Wahnsinn‹). Sie sammelt nach Maßgabe ihrer Forschungsinteressen das, was ihr ›passend‹ erscheint, muss aber dazu bereit sein, dies gegebenenfalls zu verwerfen bzw. ihre Suchkriterien zu modifizieren.

Der Begriff ›Archiv‹ bezeichnet bei Foucault keinen Ort der Aufbewahrung für Dokumente, die – in einem Universitäts- oder Verwaltungsarchiv – nach spezifischen Kriterien klassifiziert und aufbewahrt sind. Stattdessen benennt Foucault damit die Gesamtheit der Regelstrukturen, die der Diskursproduktion einer abgrenzbaren historischen Epoche zugrunde liegen. Das Archiv ist »das allgemeine System der Formation und der Transformation der Aussagen« (ebd.: 188) bzw. »das Gesetz dessen, was gesagt werden kann, das System, das das Erscheinen der Aussagen als einzelner Ereignisse beherrscht« (FOUCAULT 1988a: 187). Die ›Archäologie‹ analysiert Diskurse »als spezifizierte Praktiken im Element des Archivs« (FOUCAULT 1988a: 190), mit anderen Worten: als Sprachverwendungen, die durch spezifische Eigenheiten von anderen unterscheidbar und abgrenzbar sind. ›Formationsregeln‹ sind diejenigen Regeln, die das Spezifische eines Diskurses bestimmen, ihn als strukturierte und unterschiedene ›Aussagepraxis‹ hervortreten lassen. Beispielsweise können religiöse von rechtlichen, ökonomischen, politischen oder wissenschaftlichen Diskursen anhand der Prinzipien unterschieden werden, die den in ihnen formulierten Aussagen zugrunde liegen. Die Rekonstruktion der Regeln und Regelmäßigkeiten, die eine ›diskursive Formation‹ von anderen unterscheiden, solle aus den empirischen Daten, dem tatsächlich Gesagten und Geschriebenen heraus geleistet werden. Erst da, wo die Rekonstruktion von Formationsregeln möglich ist, lässt sich dann sinnvoll von einem spezifischen Diskurs beziehungsweise einer ›diskursiven Formation‹ sprechen. Foucault unterscheidet vier Dimensionen von Diskursen, die im Hinblick auf ihre Formationsregeln analysiert werden können (FOUCAULT 1988a: 48ff.):

Die *Formation der Gegenstände* eines Diskurses lässt sich durch eine Rekonstruktion der Regeln erfassen, nach denen die Gegenstände gebildet werden, von denen die Diskurse sprechen: Welche wissenschaftlichen Disziplinen sind daran wie beteiligt? Welche Klassifikationsmuster kommen zum Einsatz?

Die *Formation der Äußerungsmodalitäten* verweist auf folgende Fragen: Wer ist legitimer Sprecher bzw. von welchen institutionellen Orten und Subjektpositionen aus wird über einen Diskursgegenstand gesprochen? Wie hängen unterschiedliche Äußerungsformen – Statistik, Erzählung, Experiment u.a. – zusammen?

Die *Formation der Begriffe* bezieht sich auf die Regeln, die den jeweiligen Aussagen zugrunde liegen: Wie werden beispielsweise Textelemente miteinander verbunden? Welche rhetorischen Schemata werden eingesetzt? Wie werden Argumente aufgebaut? Wie ist die Aussage im Gefüge anderer Texte – z.B. durch die Zitierweise – verortet? Wie werden quantitative in qualitative Aussagen übersetzt?

Die *Formation der Strategien* richtet sich auf die Außenbezüge eines Diskurses: Was sind die Themen und Theorien des Diskurses? Wie beziehen sie sich auf andere Diskurse? Inwieweit geben sie vor, bessere Problemlösungen zu sein als jene? Was ist die Funktion eines Diskurses in nicht-diskursiven Praktiken?

Abgrenzbare diskursive Formationen (Diskursformationen) sind keine ›wahren‹ oder ›richtigen‹ Abbildungen der Wirklichkeit der Welt, sondern sie stellen die spezifische Wirklichkeit dieser Wirklichkeit für uns her. Die Archäologie des Wissens ist

> »eine Aufgabe, die darin besteht, nicht – nicht mehr *die Diskurse* als Gesamtheiten von Zeichen (von bedeutungstragenden Elementen, die auf Inhalte oder Repräsentationen verweisen), sondern *als Praktiken zu behandeln*, die *systematisch die Gegenstände bilden, von denen sie sprechen*« (FOUCAULT 1988a: 74; Hervorhebung RK).

Dies erläutert Foucault im Hinblick auf den medizinischen Diskurs wie folgt:

> »Wenn im klinischen Diskurs der Arzt der Reihe nach der souveräne und direkte Fragesteller, das Auge, das betrachtet, der Finger, der berührt, das Organ der Entzifferung der Zeichen, der Punkt der Integration bereits vollzogener Beschreibungen, der Labortechniker ist, dann deshalb, weil ein ganzes Bündel von Beziehungen ins Spiel gebracht wird. Es sind Beziehungen zwischen dem Raum des Krankenhauses als dem gleichzeitigen Ort des Beistands, der gereinigten und systematischen Beobachtung und der Therapie, die teilweise erprobt, teilweise experimentell ist, und einer ganzen Gruppe von Wahrnehmungstechniken und Wahrnehmungscodes des menschlichen Körpers [...] [Die klinische Medizin muss betrachtet werden, Anm. RK] als das In-Beziehung-Setzen (innerhalb des ärztlichen Diskurses) einer bestimmen Zahl von unterschiedenen Elementen, von denen die einen den Status der Mediziner, andere den institutionellen und technischen Ort, von dem aus sie sprachen, andere ihre Position als wahrnehmende, beobachtende, beschreibende, unterrichtende Subjekte betrafen« (FOUCAULT 1988a: 77f.).

Der Begriff ›Diskurs‹ bezeichnet in der *Archäologie des Wissens* eine Menge von an unterschiedlichen Stellen erscheinenden, verstreuten Aussagen, die nach demselben Muster oder Regelsystem gebildet worden sind und die Formulierung weiterer Aussagen strukturieren. Sie konstituieren als (sprachliche) Praktiken die Gegenstände, von denen sie handeln. Aufgabe der Diskursanalyse ist die empirische Rekonstruktion dieses

Regelsystems. Diskurse leisten die Erzeugung und Etablierung von ›Wissen‹:

> »Ein Wissen ist das, wovon man in einer diskursiven Praxis sprechen kann, die dadurch spezifiziert wird: der durch die verschiedenen Gegenstände, die ein wissenschaftliches Statut erhalten werden oder nicht, konstituierte Bereich [...] jede diskursive Praxis kann durch das Wissen bestimmt werden, das sie formiert« (FOUCAULT 1988a: 259f.).

Foucault selbst war, wie er in einigen kommentierenden Interviews ausführte, mit seiner Bestimmung der Diskursperspektive in der *Archäologie des Wissens* nicht sonderlich zufrieden. Weder habe er das Verhältnis von Diskursen und nicht-diskursiven gesellschaftlichen Phänomen (etwa sozioökonomischen Verhältnissen) diskutiert noch seine konkrete methodische Umsetzung der Diskursperspektive erläutert. Schließlich schien ihm in der *Archäologie* das Thema der ›Macht‹ zu wenig expliziert. Bereits in der kurz nach Erscheinen des Buches im Dezember 1970 am *Collège de France* gehaltenen Antrittsvorlesung über *Die Ordnung des Diskurses* kündigt sich die stärkere Hinwendung zur Machtanalyse und der Übergang von der ›archäologischen‹ zur ›genealogischen‹ Analysehaltung an. Foucault entfaltet darin den Gedanken, dass Diskurse mit Ermächtigungs- und Ausschlusskriterien verbunden sind. Was ist damit gemeint? Foucault diskutiert in seinem Vortrag die These, dass

> »in jeder Gesellschaft die Produktion des Diskurses zugleich kontrolliert, selektiert, organisiert und kanalisiert wird – und zwar durch gewisse Prozeduren, deren Aufgabe es ist, die Kräfte und die Gefahren des Diskurses zu bändigen, sein unberechenbar Ereignishaftes zu bannen, seine schwere und bedrohliche Materialität zu umgehen« (FOUCAULT 1974b: 7).

Diejenigen Mechanismen, die zuvor als ›Formationsregeln‹ Gegenstand der Analyse waren, werden nunmehr als Machtmechanismen begriffen, welche die Aussagemöglichkeiten in einer Gesellschaft nicht nur strukturieren, sondern auch ›verknappen‹: Nicht jeder und jede ist befugt, in bestimmter Weise über spezifische Themen zu sprechen. So lässt sich der historische Prozess betrachten, in dem das Geburtswissen der Hebammen oder das Gesundheitswissen der Heilerinnen und Heiler zunehmend vor dem ärztlich-medizinischen Diskurs zurückweichen muss, dessen Protagonisten allein legitimiert sind, medizinische Aussagen zu formulieren. Foucault unterscheidet mehrere solcher Mechanismen:

- Formen der ›Ausschließung von außen‹ (Verbote, die sich auf Inhalte, Situationen und Subjekte des Sprechens beziehen; den Ausschluss von ›Wahnsinnigen‹ aus dem Kreis vernünftigen Sprechens; die Unterscheidung und Prüfung von wahr/falsch in Bezug auf die Aussageinhalte in juridischen und wissenschaftlichen Diskursen);
- innere Mechanismen der verknappenden Strukturierung und Organisation von Inhalten wie den ›Kommentar‹ (die Wiederholung, das Wiederaufgreifen von bereits Gesagtem), das zuordnende Prinzip des ›Autors‹ oder der (beispielsweise wissenschaftlichen Fach-)›Disziplin‹;
- schließlich die ›Verknappung der sprechenden Subjekte‹, durch akademische Laufbahnen, Prüfungsrituale und Abschlussgrade, aber auch durch Einbindungen in ›Doktrinen‹, etablierte Positionen und Netzwerke, welche die Chancen einer Sprecherin, eines Sprechers definieren, Aussagen zu formulieren und Gehör zu finden.

›Macht‹ wird in dieser Perspektive als Mechanismus der Kontrolle oder Einschränkung von Aussageweisen zum Thema. Mit dieser Akzentsetzung ist Foucault jedoch unzufrieden. Wenig später argumentiert er, sie müsse durch die Betonung des Kampfes, der Strategien, der ›Produktivität‹ ersetzt werden. Denn ›Macht‹ ist nicht nur das, was begrenzt, sondern vielmehr das, was im Sinne des französischen Begriffs der ›pouvoir‹ ein Handlungsvermögen, etwas Hervorbringendes bezeichnet (s.u. S. 83ff.). Es gelte, eine solche Macht als Kräfteverhältnis, Kampf oder ›Krieg‹ zu verstehen (vgl. FOUCAULT 2003b). Unter dem Eindruck der neueren Sprachphilosophie – Foucault (2002f: 777) nennt Ludwig Wittgenstein,

John Austin oder John Searle – begreift er Diskurse nunmehr als sprachliche Handlungen, mit denen etwas getan wird, als Sprechakte und strategisch-taktische Sprachspiele:

> »Vor einigen Jahren war es noch originell und wichtig zu sagen und zu zeigen, dass alles, was man mit Sprache macht – Poesie, Literatur, Philosophie, der Diskurs im Allgemeinen –, bestimmten Gesetzen gehorche und gewisse innere Regelmäßigkeiten aufweise, bei denen es sich um die Gesetze und Regelmäßigkeiten der Sprache handle. Der linguistische Charakter der sprachlichen Tatsachen war zu seiner Zeit eine wichtige Entdeckung. Heute ist es aber an der Zeit, diese Diskursphänomene nicht mehr nur unter sprachlichem Aspekt zu betrachten, sondern – ich lasse mich hier von anglo-amerikanischen Forschungen anregen – als Spiele, als *games*, als strategische Spiele aus Handlungen und Reaktionen, Fragen und Antworten, Beherrschungsversuchen und Ausweichmanövern, das heißt als Kampf. Der Diskurs ist jenes regelmäßige Ensemble, das auf einer Ebene aus sprachlichen Phänomenen und auf einer anderen aus Polemik und Strategien besteht. Diese Analyse des Diskurses als strategisches und polemisches Spiel bildet die zweite Achse der Untersuchung« (FOUCAULT 2002f: 670f.).[30]

In einer solchen Fassung gewinnt der Diskursbegriff deutlich an (wissens-)soziologischer Attraktivität. Dies lässt sich an *Der Fall Rivière*, einer von Foucault herausgegebenen Dokumentensammlung zu dem spektakulären historischen Mordfall Pierre Rivière illustrieren. Rivière hatte seine Mutter, seine Schwester sowie seinen kleinen Bruder ermordet und in einer langen Schrift sein Tun begründet. Foucault richtet sein Forschungsinteresse mit gleichsam mikroskopischem Blick auf den Definitionswettkampf zwischen unterschiedlich historisch-institutionell situierten Diskursen und Sprechern, die sich darum bemühen, aus Gründen der Straffestsetzung die Schuldfähigkeit des Angeklagten zu klären.

> »[...] der Diskurs des Friedensrichters, der des Staatsanwalts, des Schwurgerichtspräsidenten, des Justizministers; der des Land-

30 ›Polemisch‹ wird hier im Sinne des Konflikthaften gebraucht.

arztes und der Esquirols; der der Dorfbewohner mit ihrem Bürgermeister und ihrem Pfarrer; schließlich der des Mörders selbst. Sie alle sprechen – zumindest scheinbar – von derselben Sache: jedenfalls beziehen sich alle Diskurse auf das Ereignis vom 3. Juni. Aber durch eine Zusammenstellung werden diese heterogenen Diskurse weder zu einem Werk noch zu einem Text; sie stellen einen sonderbaren Kampf dar, eine Auseinandersetzung, einen Kräftevergleich, ein Gefecht um Worte und mittels Worten; und von einem Gefecht zu reden genügt noch nicht: es werden gleichzeitig mehrere sich überlagernde Schlachten geschlagen. Die Ärzte hatten ihr Gefecht – untereinander, mit der Justiz, mit Rivière (der sie hereinlegte, indem er sagte, er habe den Wahnsinn nur gespielt); die Justiz hatte ihr Gefecht [...] und im Zentrum all dessen Pierre Rivière [...]. Ich glaube, daß wir uns deshalb zur Veröffentlichung all dieser Dokumente entschlossen haben, um gleichsam die Struktur dieser verschiedenen Dokumente zu klären, um diese Auseinandersetzungen und Schlachten zu rekonstruieren, das Zusammenspiel dieser aufeinandertreffenden Diskurse aufzuspüren, die als Instrumente eingesetzt waren, als Angriffs- und Verteidigungswaffen in den Beziehungen der Macht und des Wissens« (FOUCAULT 1975: 9f.).

Eine solche Perspektive auf Diskurse erlaube es nun, so Foucault, die Erzeugung und die Zirkulation eines Wissens, seine Beziehungen zu Institutionen und den dort vorgesehenen Rollen (Gutachter, Angeklagter, Richter) sowie die rahmenden ›Macht-, Herrschafts- und Kampfverhältnisse‹ zu untersuchen. Sie verschiebt den Schwerpunkt der Analyse weg von der großformatigen Analyse abstrakter Diskursmechanismen hin zur konkreten Untersuchung des konfliktreichen Aufeinanderprallens unterschiedlichster Diskurse im Schlachtgetümmel gesellschaftlicher Problembearbeitungen.

Macht/Wissen

Anfang der 1970er-Jahre wendet sich Foucault dem Begriff der ›Macht‹ zu (zum Überblick vgl. LEMKE 2005). Diese ›Neuerung‹

im Rahmen seiner analytischen Begrifflichkeiten bleibt auf die zentrale Frage nach der Produktion beziehungsweise Konstitution historischer und moderner Subjekte bezogen; sie gibt Letzterer jedoch zwei neue Akzente. Diese betreffen einerseits das nunmehr formulierte Verständnis von Macht als ›produktives Vermögen‹ und Kräfteverhältnis selbst. Zum anderen entwirft Foucault eine spezifische Perspektive auf die Verflechtungen zwischen Macht und ›Wissen‹. ›Wissen‹ wird hier nicht länger als Effekt der Regelstrukturen von Diskursen begriffen, aber auch nicht als – in marxistischer Sicht gar ideologisch verzerrtes – Abbild einer tatsächlichen Realität oder als kritischer Maßstab und Korrektiv zur Anklage von Herrschaft, sondern als unumgänglich kontingentes Ergebnis von Kräfteverhältnissen und in sich selbst machthaltiger Zugriff auf die Welt. In den französischen Konnotationen von ›pouvoir‹ (Macht, Kraft) – dem ›Können‹ im Sinne eines Handlungsvermögens (»Ich kann um acht zu Hause sein, dieses Produkt kaufen« usw.) – und ›savoir‹ (Wissen) – dem ›Können‹ im Sinne einer durch Wissenserwerb, Lernen, Praxis erworbenen Kompetenz (»Ich kann kochen«) – klingen solche Bezüge bereits an:

> »Man muß wohl einer Denktradition entsagen, die von der Vorstellung geleitet ist, daß es Wissen nur dort geben kann, wo die Machtverhältnisse suspendiert sind, daß das Wissen sich nur außerhalb der Befehle, Anforderungen, Interessen der Macht entfalten kann. [...] Eher ist wohl anzunehmen, daß die Macht Wissen hervorbringt [...]; daß Macht und Wissen einander unmittelbar einschließen; daß es keine Machtbeziehung gibt, ohne daß sich ein entsprechendes Wissensfeld konstituiert, und kein Wissen, das nicht gleichzeitig Machtbeziehungen voraussetzt und konstituiert. Diese Macht/Wissen-Beziehungen sind darum nicht von einem Erkenntnissubjekt aus zu analysieren, das gegenüber dem Machtsystem frei oder unfrei ist. Vielmehr ist in Betracht zu ziehen, daß das erkennende Subjekt, das zu erkennende Objekt und die Erkenntnisweisen jeweils Effekte jener fundamentalen Macht/Wissen-Komplexe und ihrer historischen Transformationen bilden« (FOUCAULT 1977: 39).

Exemplarisch bezog Foucault diese Analyse von Macht/Wissen in seiner Arbeit *Der Wille zum Wissen* auf die Frage der Genealogie unseres heutigen Verständnisses von Sexualität (FOUCAULT 1989a: 21, vgl. zu juristischen Formen FOUCAULT 2002l).

Foucault hatte sich in seinen Büchern bis dahin durchaus mit Machtphänomenen beschäftigt, beispielsweise mit der Einsperrung der Wahnsinnigen im Kontext der Durchsetzung der modernen Arbeitsmoral und des Zugriffs der Vernunft auf den Wahnsinn (FOUCAULT 2003f). Doch dabei folgte er einem herkömmlichen Machtbegriff, der auf das in einer besonderen gesellschaftlichen Position – beim Herrscher oder ›Staat‹ bzw. allgemein: bei ›Machthabern‹ – konzentrierte Vermögen, zu verbieten, etwas durchzusetzen oder zu kontrollieren, bezogen war (FOUCAULT 2003b: 299). Dieses ›juristische‹ oder ›herrschaftsbezogene‹ Konzept von Macht (vgl. FOUCAULT 2005n: 900) – die Macht der Gesetzgebung und -durchsetzung – wird von ihm unter dem Eindruck der politischen und kulturellen Ereignisse des Mai 1968, seines Engagements für die Gefangenenbewegungen, eigener Untersuchungen über die Funktionsweise der *lettres de cachets* und in Diskussionen mit Gilles Deleuze durch eine andere, wiederum Friedrich Nietzsche entlehnte Vorstellung ersetzt. Foucault schlägt vor, Macht nach dem ›Modell des Krieges‹ oder der ›Schlacht‹ als komplexes Kräfteverhältnis sehr unterschiedlicher wechselseitiger Einflussnahmen auf das Handeln Anderer zu verstehen (FOUCAULT 1987b: 255, 1977, 1999). Macht ist kein isolierter Ressourcen-Bestand, sondern eine Dimension menschlichen Handelns und menschlicher Beziehungen:

> »Unter Macht, scheint mir, ist zunächst zu verstehen: die Vielfältigkeit von Kraftverhältnissen, die ein Gebiet bevölkern und organisieren; das Spiel, das in unaufhörlichen Kämpfen und Auseinandersetzungen diese Kraftverhältnisse verwandelt [...] und schließlich die Strategien, in denen sie zur Wirkung gelangen und deren große Linien und institutionellen Kristallisierungen sich in den Staatsapparaten, in der Gesetzgebung und in den gesellschaftlichen Hegemonien verkörpern [...]. Die Macht ist der Name, den man einer komplexen strategischen Situation in einer Gesellschaft gibt [...].

Die Machtbeziehungen verhalten sich zu anderen Typen von Verhältnissen (ökonomischen Prozessen, Erkenntnisrelationen, sexuelle Beziehungen) nicht als etwas Äußeres, sondern sind ihnen immanent« (FOUCAULT 1989a: 113ff.; vgl. auch FOUCAULT 2005bb).

Macht ist demnach weniger eine Form der Einschränkung von Handlungsweisen, sondern auch und vor allem ein produktives Vermögen, das in sozialen Verhältnissen eingelassen ist und die Möglichkeiten bezeichnet, das Verhalten und Handeln anderer zu beeinflussen, etwas hervorzubringen. Gesellschaft »ist ein Archipel aus verschiedenen Mächten« (FOUCAULT 2005m: 228f.); Individuen »sind auch stets in der Lage, diese Macht zu erleiden und auch sie auszuüben [...] die Macht geht durch die Individuen hindurch, sie wird nicht auf sie angewandt« (FOUCAULT 2003e: 238). Nicht die Hegel'sche ›List der Vernunft‹ oder der aufklärerische Fortschritt des Denkens, sondern ›Macht‹ ist die Energiequelle, die den geschichtlichen Prozess antreibt (FOUCAULT 2003d: 192f.). Darin klingt ein fernes Echo von Karl Marx an, der die Geschichte ja als Geschichte von ›Klassenkämpfen‹ analysiert hatte. Doch auch hier hält Foucault an seiner offenen Grundperspektive fest – eine Reduktion aller ›Kämpfe‹ auf ›Klassenkämpfe‹ erscheint ihm viel zu einseitig. Machtausübung zeigt sich als Einwirkung auf die Handlungen anderer. Diese Einwirkung setzt Freiheitsgrade der handelnden, individuellen und kollektiven Subjekte und ihrer Reaktionen voraus, denn nur dann ist eine solche Einwirkung erforderlich, nur dann unterscheiden sich die in Frage stehenden Beziehungen von Gewalt- oder Zwangsverhältnissen wie der Sklaverei (FOUCAULT 1987b: 255). Machtausübungen rufen ständig ›Widerstand‹ gegen ihre Wirkungen hervor. Der sich durch die Geschichte ziehende Wille, »nicht dermaßen regiert zu werden« (FOUCAULT 1992: 12), findet unterschiedlichste Ausdrucksmöglichkeiten: »Überall ist Kampf – zum Beispiel die ständige Revolte des Kindes, das bei Tisch den Finger in die Nase steckt, um seine Eltern zu ärgern« (FOUCAULT 2003f: 525). Beobachtbare Widerstände sind hilfreiche Einstiegspunkte für die Analyse von Machtmechanismen.

Foucault stellt keine Theorie, sondern eine Suchheuristik, eine ›Analytik der Macht‹ (vgl. FOUCAULT 2005bb) vor, die anhand der empirischen Gegenstände präzisiert wird (vgl. Kap. v):

- die ›Mikrophysik der Macht‹, die in die Formungen der Einzelkörper und Denkbewegungen der Menschen eingreift und in Gestalt der ›Disziplinarmacht‹ die ›Souveränitätsmacht‹ ablöst (in *Überwachen und Strafen*, der Analyse der Disziplinargesellschaft);
- die ›Bio-Macht‹ als übergreifender Begriff für die mikrophysische Disziplinarmacht und die ›Bio-Politik‹ der entstehenden Nationalstaaten. Letzteres bezeichnet staatliche Machtstrategien, die sich auf die jeweilige Bevölkerung, deren Gesundheitsstand, Arbeitsfähigkeit und Geburtenrate beziehen (in *Der Wille zum Wissen*);
- die ›Pastoralmacht‹ als eine aus dem Christentum stammende und von den modernen Staaten in Gestalt der ›Polizey‹ übernommenen Form der Macht, die sich auf das Gesamt einer Gemeinschaft und zugleich lebenslang auf das Seelenheil der einzelnen Individuen richtet und sie zur Produktion von Wahrheit über sich selbst anleitet (FOUCAULT 1987b);
- die ›Staatsräson‹ als Konzeption des Staates, der eine ›politische Technologie der Individuen‹ entwickelt und in der institutionellen Form der ›Polizey‹ umsetzt. Diese Staatsräson baut auf der Pastoralmacht auf und zielt darauf, durch Anleitung des Einzelnen den Erhalt und das Glück des Staates zu sichern (FOUCAULT 2004a, b).[31]

31 Im Anschluss an eine solche empirisch-diagnostische Bestimmung von Machtbegriffen schlug Pierre Lascoumes (1994) vor längerer Zeit den Begriff der ›écopouvoir‹, der ›Öko-Macht‹ vor, um die Ausweitung der Macht/Wissenbeziehungen auf die gesellschaftliche Bearbeitung der ›Umweltprobleme‹ und der natürlichen Umwelt insgesamt zu bezeichnen. Thomas Lemke (2021) spricht diesbezüglich vom Machttypus der ›environmentality‹. Bereits 1998 diskutierte Darier (1998) die ›eco-governmentality‹ bei Foucault. Keller (2019b) führt den Begriff der ›Positionierungsmacht‹ ein, um die gegenwärtige Konjunktur von Bewertungen, Ratings und Rankings zu markieren (vgl. auch KELLER/BLESSINGER 2023).

Wie verbindet Foucault nun diesen Begriff der Macht mit seinem Interesse für ›Wissen‹? Keineswegs in dem landläufigen Sinne des ›Wissen ist Macht‹, wie er für die aufkommenden Naturwissenschaften von Francis Bacon in Bezug auf die technische Anwendung von naturwissenschaftlichem Wissen formuliert wurde oder wie er in politischen Kontexten als Wissensvorsprung zum Tragen kommt, der Machtpositionen absichert. Die Unterscheidung von Macht und Wissen ist vielmehr notwendig, um die vielfältigen Beziehungen zwischen beiden Phänomenen zu analysieren:

> »Hätte ich gesagt oder hätte ich sagen wollen, dass Wissen Macht wäre, hätte ich es gesagt, und hätte ich es gesagt, hätte ich auch nichts mehr zu sagen gehabt [...] Ich habe mich genau darauf konzentriert zu erkennen, wie bestimmte gleichartige Machtformen äußerst unterschiedlichen Wissensarten – in ihrem Gegenstand und in ihrer Struktur – stattgeben konnten« (FOUCAULT 2005j: 833).

An verschiedenen Stellen benutzt Foucault den Ausdruck ›Macht-Wissen‹ zur Bezeichnung der Wechselbeziehungen von ›Macht‹ und ›Wissen‹ (FOUCAULT 1977, 2002l). Er fragt danach, wie spezifische Wissensarten aus rechtlichen, politischen und anderen institutionellen Prozeduren hervorgehen und diese stützen. Dazu zählt er insbesondere die verschiedenen Verfahren der administrativen ›Wahrheitsfindung‹ bei Gesetzesverletzungen: das ›Messen‹ der Kräfte oder der Gunst der Götter im antiken Griechenland, die bereits in und mit der Odyssee von Homer konstituierte Form der ›Untersuchung‹, die im Mittelalter prominent wird, und schließlich die ›Prüfung‹ als ›Macht-Wissen-Form‹ der industriellen Gesellschaften (FOUCAULT 2002l, vgl. 2002f). Immer handele es sich dabei um Mittel der Ausübung von Macht und gleichzeitig um Regeln zur Begründung eines Wissens (des Richters) und damit einer Entscheidung. Es ist also keineswegs so, dass ›Macht‹ nur im Sinne einer Beförderung, Einschränkung oder ›Dienstbarmachung‹ auf Wissen zugreift. Vielmehr lassen sich verschiedene andere Beziehungen zwischen Wissen und Macht ausmachen:

»Kein Wissen bildet sich ohne ein Kommunikations-, Aufzeichnungs-, Akkumulations- und Versetzungssystem, das in sich eine Form von Macht ist und in seiner Existenz und seinem Funktionieren mit den anderen Machtformen verbunden ist. Umgekehrt kommt es zu keiner Ausübung von Macht ohne die Gewinnung, Aneignung, Verteilung oder Zurückhaltung eines Wissens. Auf dieser Stufe hat man nicht die Erkenntnis auf der einen Seite und die Gesellschaft bzw. die Wissenschaft und den Staat auf der anderen, sondern die Grundformen des ›Macht-Wissens‹« (FOUCAULT 2002l: 486).

Wissen selbst ist keineswegs ›machtneutral‹, wenn auch nicht im Sinne des marxistischen Ideologieverdachts. Foucault folgt Nietzsche in der Idee, dass ein Wissen, ein begriffliches Erkennen und Definieren zugleich eine Art ›Unterwerfung‹ des Erkannten unter das erkennende Subjekt bedeutet. Für Nietzsche sind Erkenntnis und Wissen immer Zwischenergebnis oder Folge von Kämpfen und Machtbeziehungen, d. h. von Bedingungen,

»die nicht selbst in den Bereich der Erkenntnis gehören. [...] Wenn Nietzsche vom perspektivischen Charakter der Erkenntnis spricht, will er damit auf die Tatsache hinweisen, dass es Erkenntnis stets nur in Gestalt diverser unterschiedlicher Handlungen gibt, in denen der Mensch sich gewaltsam Dinge aneignet, auf Situationen reagiert und sie in Kräfteverhältnisse zwingt. [...] Erkenntnis gibt es nur insofern, als es zwischen dem Menschen und dem Erkenntnisobjekt gleichsam zu einem ganz besonderen Kampf, einer Konfrontation, einem Duell kommt« (FOUCAULT 2002f: 684f.).

Das Wissen, das in gesellschaftlichen Prozessen erzeugt wird, ist mithin niemals die ›wahre Abbildung‹ einer äußeren Wirklichkeit, sondern immer Produkt von historischen ›Kräfteverhältnissen‹ und ›politischen Beziehungen‹:

»Letztlich werden wir gemäß wahren Diskursen, die spezifische Machtwirkungen mit sich bringen, be- und verurteilt, verdammt, klassifiziert, zu Aufgaben gezwungen und einer gewissen Lebens- oder einer gewissen Sterbensweise geweiht« (FOUCAULT 2003e: 233).

Die ›Wahrheit‹ eines Wissens ergibt sich nur relativ zu einer ganzen Palette von Verfahren, Erzeugungs- und Behauptungstechniken, durch die der Wahrheitsstatus von Aussagen bekräftigt oder verworfen wird (FOUCAULT 2003f: 525ff.). In der heutigen ›Weltgesellschaft‹ – der Begriff wird von Foucault benutzt – ist die Produktion von ›Wahrheit‹ untrennbar mit Machtmechanismen verbunden, und zwar in den beiden erwähnten Richtungen: Machtmechanismen treiben die Produktion von Wahrheiten voran, und die produzierten Wahrheiten haben ihrerseits »Machteffekte mit bindender Wirkung für uns« (FOUCAULT 2003f: 521f.). ›Wahrheit‹ im Sinne einer als gültig anerkannten Aussage über ›tatsächliche‹ bzw. ›faktische‹ Wirklichkeitszustände ist ein historisch situiertes Ergebnis von Wissenspolitiken:

> »Die Wahrheit ist von dieser Welt; in dieser Welt wird sie aufgrund vielfältiger Zwänge produziert, verfügt sie über geregelte Machtwirkungen. Jede Gesellschaft hat ihre eigene Ordnung der Wahrheit, ihre ›allgemeine Politik‹ der Wahrheit: d. h. sie akzeptiert bestimmte Diskurse, die sie als wahre Diskurse funktionieren läßt; es gibt Mechanismen und Instanzen, die eine Unterscheidung von wahren und falschen Aussagen ermöglichen und den Modus festlegen, in dem die einen oder anderen sanktioniert werden; es gibt einen Status für jene, die darüber zu befinden haben, was wahr ist und was nicht« (FOUCAULT 1978: 51).

Die Foucault'sche ›Genealogie‹ fordert eine Geschichte dieser ›Wahrheitsspiele‹, d. h. der Machtformen, Konflikte und Sprachspiele, die sich durch die Referenz auf ›Wahrheit‹ legitimieren und dabei sagen wollen, was der Mensch sei. Die moderne ›politische Ökonomie‹ der Wahrheit lässt sich nach seiner Einschätzung durch fünf Merkmale charakterisieren: die herausgehobene Stellung wissenschaftlicher Diskurse und Institutionen für die Produktion von Wahrheit, die daran permanent herangetragenen Anforderungen aus Politik und Wirtschaft, die sehr breite Zirkulation und Konsumtion von Wahrheit, die einflussreiche Stellung einiger weniger Apparate in diesen Prozessen und schließlich die Vielzahl von gesellschaftlich-politischen Konflikten über Wahrheit beziehungsweise Wissen.

Gouvernementalität

Zu allen von Foucault am Collège de France seit 1970 gehaltenen Vorlesungen liegen Aufzeichnungen vor, auf deren Grundlage sie inzwischen als Bücher erschienen sind. Der Charakter des mündlichen Vortrages unterscheidet sich deutlich von den tatsächlichen Buchveröffentlichungen und bietet eine interessante Vergleichsfolie. Darin kommt einerseits zum Ausdruck, wie sich Foucault im Rückgriff auf historische Quellenmaterialien den Themen nähert, die er dann oft – wenngleich nicht immer – im Anschluss in Buchform veröffentlicht. Den Vorlesungen eignet etwas Vorläufiges. Sie verlassen mitunter die zunächst angekündigten Ziele und Vorgehensweisen, setzen anders an, wenden sich Neuem zu, zeigen ein ›Denken‹ bei der Arbeit. Es handelt sich nicht um abgeschlossene, fertige Arbeiten. Und vieles, was darin vorkommt, findet keinen Weg in die Bücher. Mit am deutlichsten wird das in den Überlegungen zur ›Gouvernementalität‹, mit der sich Foucault in mehreren Vorlesungen (insbes. *Geschichte der Gouvernementalität* I und II, die *Regierung des Selbst und der anderen* I und II) beschäftigt. Hier verknüpft Foucault in den Jahren 1977-1984 die Perspektive der Genealogie von Macht-Wissens-Regimen mit dem Konzept der ›Gouvernementalität‹ (vgl. FOUCAULT 2004a, b).[32] Mit diesem Kunstwort bezeichnet er die Merkmale und Eigenschaften von Praktiken des individuellen oder kollektiven, staatlichen, institutionellen ›Regierens‹, ›Regierungshandelns‹

32 Die Vorlesungen – *Über den Willen zum Wissen* (1970-1971), *Theorien und Institutionen der Strafe* (1971-1972), *Die Strafgesellschaft* (1972-1973), *Die Macht der Psychiatrie* (1973-1974), *Die Anormalen* (1974-1975), *In Verteidigung der Gesellschaft* (1975-1976), *Geschichte der Gouvernementalität* I. *Sicherheit, Territorium, Bevölkerung* (1977-1978), *Geschichte der Gouvernementalität* II. *Die Geburt der Biopolitik* (1978-1979), *Die Regierung der Lebenden* (1979-1980), *Subjektivität und Wahrheit* (1980-1981), *Hermeneutik des Subjekts* (1981-1982), *Die Regierung des Selbst und der anderen* I. (1982-1983), *Der Mut zur Wahrheit. Die Regierung des Selbst und der anderen* II. (1983-1984) – sind inzwischen erschienen (vgl. die entsprechende Rubrik im Literaturverzeichnis weiter unten). In den Bänden 2-4 der *Schriften* sind die Zusammenfassungen der Vorlesungen bis zum Jahr 1982 erschienen, die Foucault für das *Collège de France* verfasste.

oder besser: ›Führens‹ der Handlungsweisen anderer und, in selbstreflexiver Wendung, des eigenen Handelns.[33] ›Gouvernementalität‹ wurde auch – fälschlicherweise, aber durchaus interessant – als Wortspiel von ›gouverner‹ (regieren) und ›mentalité‹ (Denkweise) gelesen, also als Zusammenspiel von Praxis oder Handeln und Denken. Foucault fasst darunter all seine Arbeiten und Vorlesungen der 1970er-Jahre zusammen (vgl. LEMKE 2010; DEAN 2009). Die Begriffe der ›Regierung‹ bzw. des ›Regierens‹ beziehen sich nicht (nur) auf konkrete politische Institutionen und Programme, sondern ganz allgemein auf alle Praktiken des ›Führens‹ sowohl anderer wie auch ›seiner selbst‹. Es geht um eine Kunst der Befehlsgewalt, aber auch der Anleitung, Sorge und Verantwortung, wie sie im alten Begriff der ›Gouvernante‹ mitschwingt, einschließlich der Theorien und des Wissens über die Formen des ›erfolgreichen‹ Regierens und zur Sicherung der ›Regierungsfähigkeit‹ der Individuen. Foucault gelingt mit diesem Begriff ein mehrfacher Brückenschlag: zwischen Macht, Handlungspraktiken und Wissen, zwischen der ›Subjektivierung‹ der Individuen von außen, durch die Diskurse und Dispositive (s. S. 109ff.), und der ›Subjektivierung‹ von innen als einem reflexiven Verhältnis der individuellen Selbst-Gestaltung, zwischen der gesellschaftlichen Makroebene bio-politischer Ideologien sowie den Institutionen der Regierungstätigkeit, Disziplinar- und Pastoralmacht hin zu einer individuell verfolgten ›Ethik der Existenz‹.

An Texten aus dem 16. Jahrhundert spürt Foucault dieser ursprünglichen Bedeutung des Regierungsbegriffs nach und löst damit monolithische Vorstellungen gesellschaftlicher Machtverhältnisse auf. Verschiedenste Autoren,

> »die sich mit der Kunst des Regierens befassen, (erinnern) regelmäßig daran, daß man in gleicher Weise davon sprechen kann, ein Haus, Kinder, Seelen, eine Provinz, ein Kloster, einen religiösen Orden und eine Familie zu regieren […] Regieren tun […] viele: der

33 Das Konzept ähnelt darin einem Begriff wie ›Musikalität‹ (vgl. die Erläuterungen des Herausgebers in FOUCAULT 2004a: 564).

Familienvater, der Superior eines Klosters, der Erzieher und der Lehrer im Verhältnis zum Kind oder Schüler, und daran sieht man, daß der Regent und die Praktik des Regierens zum einen einem Feld mannigfaltiger Praktiken angehören. Deshalb gibt es auch viele Regierungen, und die des Fürsten, der seinen Staat regiert, ist nur eine Unterart davon. Alle diese Regierungen sind zum anderen der Gesellschaft selbst oder dem Staat innerlich [...] So gibt es zugleich Pluralität der Regierungsformen und Immanenz der Regierungspraktiken im Verhältnis zum Staat, bestehen zugleich Mannigfaltigkeit und Immanenz dieser Aktivitäten [...]« (FOUCAULT 2000: 46f.).

In den von Foucault untersuchten Schriften über die Kunst des Regierens (s. S. 119ff.) wird immer wieder die Metapher der Schiffslenkung benutzt, um zu verdeutlichen, worauf sich ›gouverner‹ bezieht: Es geht um die Übernahme von Verantwortung für Dinge und Menschen, um die Anleitung der Geführten, ihre Beobachtung und diejenige von Kontexten (Wind, Klippen, Wellen) sowie Zusammenhängen des Reiseverlaufs vom Start bis zum Ziel. Dies gelte gleichermaßen für die Führung einer Familie, eines Landes oder letzten Endes »seiner selbst«. Der Begriff der Gouvernementalität liefert den Bezugspunkt der Genealogie von Macht-Wissen-Komplexen in Foucaults gegenwartsbezogenen inhaltlichen Forschungsinteressen der 1970er-Jahre (FOUCAULT 2004b: 134ff. und ebd. die Situierung der Vorlesungen durch SENNELART 2004: insbes. 482ff.): die Verbindungen zwischen den diskursiven Feldern der Repräsentation (und Rationalisierung) von Macht mit der durch unterschiedlichste praktische Weisen der (Selbst-)Führung ausgeübten Intervention in das Selbstverständnis der Individuen.[34]

34 Kürzlich hat Thomas Lemke (2021) entlang von Foucaults Ausführungen zum ›Regieren von Milieus‹ dort vorfindliche Grundlagen zu einem Konzept des ›Regierens der Dinge‹ herausgearbeitet. Foucault betont wiederholt, dass nicht nur Bevölkerungen regiert werden, sondern auch Territorien, natürliche Ressourcen, Tiere, Pflanzen bzw. ganz allgemein (nicht länger) ›natürliche‹ Umwelten (vgl. insbes. FOUCAULT 2004a). Lemke spricht diesbezüglich vom Machttypus der ›environmentality‹. Im Anschluss an Foucault spachen auch schon Lascoumes (1994) von »éco-pouvoir« und Darier (1998) von »eco-governmentality«.

Dispositiv

Foucault benutzte nach der *Archäologie des Wissens* und der *Ordnung des Diskurses* den Diskursbegriff in seinen Untersuchungen weiter, wenn er vom konkreten Auftreten und Aufeinandertreffen unterschiedlicher Strukturierungen des ›Sagbaren‹ sprach. Dies geschieht jedoch nicht in systematischer Weise, schon gar nicht in der Strenge, mit der die *Archäologie* den Begriff eingeführt hatte. Tatsächlich wurde im Nachhinein deutlich, dass er dort zu stark an seiner Wissenschaftsstudie über *Die Ordnung der Dinge* orientiert blieb, sehr sprach- und textlastig daherkam und den verstreuten Bereich der nicht-diskursiven institutionellen Praktiken (z.B. die Einsperrung der Wahnsinnigen) weitgehend ausblendete, der doch sowohl in *Wahnsinn und Gesellschaft* wie auch in *Die Geburt der Klinik* Gegenstand der Untersuchung gewesen war. Die stärkere Berücksichtigung von ›Machtbeziehungen‹ innerhalb der genealogischen Perspektive und der Blick auf die Prozesse der Veränderung historischer Problematisierungsweisen ließ eine solche starke Konzentration auf Diskurse unplausibel werden. Foucault betonte entschieden, die Analyse der Diskurse und der diskursiven Praktiken, d.h. die ›Analyse des Sagbaren‹, müsse durch eine ›Analyse der Sichtbarkeiten‹ (DELEUZE 1987: 37ff.) ergänzt werden. Dieser etwas ungewöhnliche Ausdruck ist vor allem gebildet in Absetzung von dem ›Sagbaren‹. Er umfasst eine sehr heterogene Ansammlung von beispielsweise institutionellen Handlungsweisen bzw. Praktiken (des Einsperrens, des Aufteilens, der Disziplinierung usw.), Gebäuden und Infrastruktureinrichtungen (wie Gefängnisbauten) u.a. mehr. Foucault nennt das Zusammenspiel von Sagbarem und Sichtbarem ›Dispositiv‹. Er verzichtet auf eine der *Archäologie des Wissens* vergleichbare Bestimmung des Dispositivbegriffs, und keine seiner Studien lässt sich auf eine ausschließliche ›Dispositivanalyse‹ reduzieren. Eher handelt es sich um ein begriffliches Werkzeug, auf das er gelegentlich zurückgreift, um bestimmte Sachverhalte zu benennen.

Der Ausdruck ›Dispositiv‹ ist im Französischen geläufig. Er dient zur Bezeichnung von beispielsweise administrativen, infrastrukturellen Mechanismen und Maßnahmen, die aus Gesetzesbeschlüssen abgeleitet sind und bestimmte Zielvorgaben des Gesetzgebers erfüllen sollen. Wenn beispielsweise Müll entsorgt und recycelt werden muss, dann ist eine entsprechende Infrastruktur notwendig: Müllkübel, Transportfahrzeuge, Genehmigungen, Grenzwerte, Personal, Hinweisblätter zur Mülltrennung, Mülldeponien, Verbrennungs- und Verwertungsanlagen usw. Den Verkehr überwacht man mit einem polizeilichen Kontrolldispositiv: Polizisten, Ampeln, Blitzgeräte, Verkehrsschilder, Verkehrskontrollen usw. Häuser werden mit einer Alarmanlage, also einem Sicherungsdispositiv geschützt, das aus Kamera, Beleuchtung, Sirene und dergleichen bestehen kann. Im militärischen Sprachgebrauch bezeichnet ›Dispositiv‹ all die Mittel, die für eine bestimmte Angriffs- oder Verteidigungsstrategie notwendig sind: Panzer, Raketen, Soldaten, Munition, Straßen, Gefechtspläne usw. Diese Beispiele machen zunächst zweierlei deutlich: Bei einem Dispositiv handelt es sich *erstens* um ein heterogenes Ensemble aus unterschiedlichsten Elementen, die *zweitens* auf ein Gesamtziel hin organisiert sind und zusammenwirken.

Foucault benutzt diesen Begriff allerdings in zweierlei Weise: zum einen, gleichsam nebenbei, in der gerade erwähnten gängigen Bedeutung. Ein Dispositiv ist dann einfach eine aus unterschiedlichen Bestandteilen bestehende ›Infrastruktur-Einrichtung‹ (vgl. KELLER 2011b: 258ff.), die einem bestimmten Zweck dienen soll. Doch ihn interessieren nicht nur solche Zwecke, sondern stärker noch die ›Effekte‹ eines Dispositivs, also der gesamte Komplex sich daraus ergebender Folgen (vgl. zur Analyse der psychiatrischen Anstalt als Dispositiv FOUCAULT 2005aa). Foucault spricht deswegen auch in einem anderen, umfassenderen Sinne von ›Dispositiv‹ und bezieht sich damit auf den vorangehend erwähnten Zusammenhang von ›Sagbarem‹ und ›Sichtbarem‹. So antwortet er auf die Frage, was er mit dem ›Sexualitätsdispositiv‹ meine:

»Das was ich mit diesem Begriff zu bestimmen versuche, ist erstens eine entschieden heterogene Gesamtheit, bestehend aus Diskursen, Institutionen, architektonischen Einrichtungen, reglementierenden Entscheidungen, Gesetzen, administrativen Maßnahmen, wissenschaftlichen Aussagen, philosophischen, moralischen und philanthropischen Lehrsätzen, kurz, Gesagtes ebenso wie Ungesagtes, das sind die Elemente des Dispositivs. Das Dispositiv selbst ist das Netz, das man zwischen diesen Elementen herstellen kann. Zweitens ist das, was ich im Dispositiv festhalten möchte, gerade die Natur der Verbindung, die zwischen diesen heterogenen Elementen bestehen kann. [...] Drittens verstehe ich unter Dispositiv eine Art – sagen wir – Gebilde, das zu einem historisch gegebenen Zeitpunkt vor allem die Funktion hat, einer dringenden Aufforderung nachzukommen. Das Dispositiv hat also eine dominante strategische Funktion« (FOUCAULT 2003c: 392f.).

Ein Dispositiv ist hier also ein produktiver ›Erzeugungsmechanismus‹, der aus Diskursen und aus nicht-diskursiven Praktiken, Gebäuden, Infrastrukturen und dergleichen mehr besteht und auf eine gesellschaftliche Problemlage, einen Handlungsbedarf reagiert. Zwischen den Elementen eines solchen Dispositivs bestehen vielfache und sehr unterschiedliche Beziehungen. Es ist nicht Ergebnis eines strategischen Beschlusses, eines ›Maßnahmenvollzugs‹, der von einer eindeutigen gesellschaftlichen Machtposition aus erfolgt und von dieser kontrolliert wird, um ein spezifisches Ziel zu erreichen, sondern entsteht aus dem nicht intendierten Zusammenwirken unterschiedlicher Elemente und Strategien, deren Zusammenspiel und Effekte analysiert werden sollen. Das Dispositiv ist Ausdruck einer ›Strategie ohne Strategen‹, eine Konstellation von vielfältigen, aufeinandertreffenden, sich verstärkenden und sich behindernde Strategien und Taktiken, diskursiven sowie nicht-diskursiven Praktiken und Materialitäten, die bestimmte Macht-, beziehungsweise Wirklichkeitseffekte hervorbringen, ohne dass man von der sich als Effekt einstellenden »Gesamtstrategie« noch sagen könne, wer sie konzipiert habe (FOUCAULT 2003c: 402). Deleuze hat diese Untersuchung von Dispositiven im Anschluss an Äußerungen Foucaults als ›Kartografie‹ bezeichnet: »Will man die Linien eines Dispositivs entwirren, so muß man in jedem Fall eine Karte anfertigen, man muß kartographieren, unbekannte Länder ausmessen – eben das, was er als ›Arbeit im Gelände‹ bezeichnet« (DELEUZE 1991: 153, vgl. auch DELEUZE 1987). In dieser neuen Gestalt einer Analyse von Dispositiven bringt Foucault sein genealogisches Interesse zum Einsatz.[35]

35 Z.B. behandelt *Überwachen und Strafen* das ›Gefängnisdispositiv‹, *Der Wille zum Wissen* das ›Sexualitätsdispositiv‹. Im deutschsprachigen Raum gibt es viele und anhaltende Diskussionen dazu, was ein Dispositiv ›sei‹ oder wie der Begriff sozialwissenschaftlich eingesetzt werden könnte (z.B. KELLER 2019a; BÜHRMANN/SCHNEIDER 2012). Der Begriff wurde mitunter als »apparatus« ins Englische übertragen und erinnert dort an das struktural-marxistische Konzept der ideologischen Staatsapparate von Foucaults Freund und Lehrer Louis Althusser, obwohl Foucault doch damit etwas anderes adressiert (vgl. zum Begriff und seinen Anwendungsmöglichkeiten jetzt DODIER/BARBOT/PLOUCHARD-ENGEL 2021).

V. Historische Wissenssoziologie der Subjektivierungen

Die Frage nach der historischen Konstitution von ›Subjekten‹ bildet den roten Faden der Foucault'schen ›Geschichte der Gegenwart‹ (FOUCAULT 1977: 43, 1987a, 2005q). Er behandelt sie in sieben Büchern und dreizehn Vorlesungen am *Collège de France*. Damit setzt er sein empirisches Untersuchungsprogramm an die Stelle der klassischen Subjekt- und Bewusstseinsphilosophie und fordert

> »einen systematischen Skeptizismus gegenüber allen anthropologischen Universalien, was nicht bedeutet, dass man sie alle von vorneherein, insgesamt und ein für alle Mal verwirft, sondern dass man nichts aus diesem Bereich zulassen darf, das nicht im strengen Sinne unerlässlich ist; alles, was uns in unserem Wissen als von universeller Gültigkeit angeboten wird und was die menschliche Natur oder die Kategorien betrifft, die man auf das Subjekt anwenden kann, verlangt, geprüft und analysiert zu werden [...]« (FOUCAULT 2005q: 779).

Foucault bestreitet mit diesem lebenslangen Forschungsprojekt weder die empirische Existenz von Individuen oder Subjekten noch deren Freiheiten und Kreativitäten des Handelns: »Es wäre sicherlich absurd, die Existenz des schreibenden und erfindenden Individuums zu leugnen« (FOUCAULT 1974b: 20). Sofern und weil diese empirischen Individuen sinnorientiert handeln, agieren sie als ›Subjekte‹. Allerdings weigert er sich, nach allgemeinen Merkmalen, nach der ›Substanz‹ des ›Menschseins‹ zu fragen. Stattdessen geht es ihm um die kontingenten und vielfältigen sozio-historischen Konstitutionen dessen, was Menschen als konkrete Individuen und handelnde Subjekte ausmacht. Wir könnten, so schreibt er, ›mit Nietzsche gegen Descartes‹ »unterstellen, dass es Subjekte gibt, und wir können unterstellen, dass es das Subjekt nicht gibt« (FOUCAULT 2002f: 680). Das bedeutet für ihn:

> »Wenn man sich vom konstituierenden Subjekt frei macht, muss man sich vom Subjekt selbst frei machen, das heißt, man muss zu einer Analyse gelangen, die der Konstitution des Subjekts in der historischen Verlaufsform Rechnung tragen könnte. Und das ist das, was ich Genealogie nennen würde [...]« (FOUCAULT 2003d: 195).

Das empirisch vielfältige ›Subjekt‹ ist eine ›Form‹, die im historischen Prozess nicht mit sich identisch bleibt (vgl. FOUCAULT 2005n: 888). An anderer Stelle spricht Foucault auch vom »Quasi-Subjekt« (FOUCAULT 2005r: 434) oder davon, wir alle seien »Gruppuskeln« (FOUCAULT 2002m: 383), durchzogen von einer »Vielfalt von Kraftlinien«, in der ständig etwas in uns gegen etwas anderes in uns kämpfe (FOUCAULT 2003c: 407).

Zur Konstitution empirischer Subjekte tragen unterschiedliche Prozesse bei, bspw. wissenschaftliche Diskurse wie die Humanwissenschaften mit ihren Forschungsprogrammen, die ein Wissen über die ›Normalität‹ der psychischen Funktionen, der sozialen Merkmalsverteilungen usw. liefern. Auch nicht-diskursive Praktiken und Materialitäten wirken auf das Selbstverständnis der Subjekte. Ein Beispiel dafür liefert die Beobachtungstechnologie des Panoptikums, in der ein Einziger viele andere überwachen kann; ein weiteres Beispiel lässt sich in den Krankenkassen oder allgemeiner den Versicherungstechnologien ausmachen, die bestimmte Risiken des Lebens absichern; im Recht wiederum wird definiert, ab wann wir Wesen sind, die ›ein Unrecht‹ begehen. Schließlich bemühen sich die Individuen selbst, als mehr oder weniger verantwortungsvolle Subjekte ihr Handeln und Leben zu führen, etwa mit Hilfe von Ratgebern. Das sind die ›Technologien des Selbst‹, d. h. Praktiken der Selbstsorge, in denen und durch die sich ein Subjekt auf sich selbst bezieht, also sowohl die Position der Anleitung wie auch diejenige der

Adressierung übernimmt. Dies ist der Ort, an dem Foucault die menschlichen Möglichkeiten einer ethisch-moralischen Haltung ausmacht. Auch die Praktiken der Selbstsorge sind freilich keine Erfindungen der Subjekte, sondern sozialer Herkunft: »Es sind Schemata, die es in seiner Kultur vorfindet und die ihm vorgegeben, von seiner Kultur, seiner Gesellschaft, seiner Gruppe aufgezwungen sind« (FOUCAULT 2005n: 889). Nicht zufällig verweist Foucault wiederholt auf Max Webers Analyse der *Protestantischen Ethik*.

Foucault geht es um eine Perspektive, die weder die vollständige Prägung der Individuen durch das Soziale und die ›Machtverhältnisse‹ behauptet noch die absolute Freiheit der menschlichen Existenz postuliert (FOUCAULT 2005z). Vielmehr sind für ihn die äußerliche Subjektkonstitution, die ›Subjekt-Funktion‹, die ›Weisen der Subjektivierung‹ niemals determinierende Mechanismen, sondern gerade Bedingung für die Entfaltung der Freiheiten des menschlichen Handelns. Für Foucault existieren »Machtbeziehungen nur in dem Maße [...], in dem die Subjekte frei sind« (FOUCAULT 2005n: 890). Tatsächlich liegt für ihn darin – z. B. in Gestalt von Widerstandsbewegungen – ein wesentliches Antriebsmoment der geschichtlichen Prozesse.

Die historische Macht-/Wissensanalyse Foucaults interessiert sich dafür, wie es möglich ist, »dass soziale Praktiken Wissensbereiche erzeugen, die nicht nur neue Objekte, neue Konzepte, neue Techniken hervorbringen, sondern auch gänzlich neue Formen von Subjekten und Erkenntnissubjekten« (FOUCAULT 2002f: 670). Welches Wissen, welche Normen, welche Praktiken und welche Erfahrungsweisen konstituieren die historischen Subjekte, die an die Stelle des transzendentalen Subjekts getreten sind? Und was ist ihre Bedeutung für unsere heutige Subjektivität? Foucault nähert sich der Geschichte der ›Subjektivierungen‹ zunächst anhand der äußeren Zumutungen an die Individuen, ihrer ›Unterwerfung‹ durch die Agenten und Routinen institutioneller Wissens- und Praxisfelder, die ihr Gegenüber als Wissens- und Handlungsobjekt betrachten.[36] Sie erzwingen deswegen Beichten und Geständnisse, unterscheiden das Normale vom Abnormen und das Rechtmäßige vom Kriminellen. Sie befragen, untersuchen, messen, be- und verurteilen, foltern, sperren ein oder richten hin. Freilich ist ihr Zugriff auf die Individuen niemals total und vollständig gelingend. Eher handelt es sich um ein sich ständig verlagerndes Machtspiel von Bewegungen und Gegenbewegungen, von Zugriffsversuchen und Widerspenstigkeiten. Nachfolgend können die von Foucault zusammengetragenen Bausteine der (modernen) Subjektkonstitution nicht in allen Verästelungen dargestellt werden. Dazu muss auf die angegebene Literatur verwiesen werden.[37] Wichtige Dimensionen der Subjektkonstitution werden jedoch in weitgehend chronologischer Reihung entlang der Foucault'schen Studien vorgestellt: der funktionierende Verstand; die Herstellung des gesunden Körpers; der Mensch als Gegenstand der Humanwissenschaften; die Disziplinierung der Körper; die ›richtige‹ Sexualität; die Formen des Regierens; die Technologien des Selbst.

Irre sein – vernünftig sein

Foucault (1973) beginnt seine empirischen Erkundungen der historischen Weisen der Subjektkonstitution mit einer Analyse der *Geschichte des Wahns im Zeitalter der Vernunft*. Ihr Gegenstand ist die Art und Weise, wie und mit welchen Folgen die Unterscheidung von Wahnsinn, Torheit, Narretei, Unvernunft, Geisteskrankheit auf der einen Seite und der Vernunft im Sinne der klaren Verstandes-Rationalität und Zurechnungsfähigkeit des Denkens andererseits getroffen wurde. Dazu untersucht er institutionelle Praktiken und die Ebene des Wissens bzw. der künstlerischen und philosophischen Reflexionen in drei

36 Er spielt dabei verschiedentlich auf die im Französischen gegebene Nähe der Begriffe ›Subjekt‹ (›sujet‹) und ›unterwerfen‹ (›assujettir‹) an.

37 Detaillierte Darstellungen enthalten Dreyfus und Rabinow (1987) sowie Brieler (1998a), vgl. auch Sarasin (2020), Schneider (2004a), Eribon (1991) und Macey (1993).

unterschiedlichen historischen Epochen. Er wertet umfangreiches Quellenmaterial aus diesen historischen Abschnitten aus, die von ihm auch in anderen Schriften immer wieder so unterschieden werden: dem späten Mittelalter bzw. der Renaissance, dem ›klassischen Zeitalter‹ (Mitte des 17. bis zum Ende des 18. Jahrhunderts; Foucault vermeidet die geläufige Bezeichnung als ›Zeitalter der Aufklärung‹) und schließlich der Neuzeit, d.h. in etwa nach der französischen Revolution bis zum Ende des 19. Jahrhunderts. Diese letzte Epoche reicht in ihren Wirkungen bis in die Gegenwart hinein und sei, so Foucault, bestimmend für unser modernes abendländisches Verständnis des vernünftigen Denkens und Handelns.[38]

Foucault führt seine Studie über den Wahnsinn als ersten Teil einer »Geschichte der Grenzen« ein, »mit denen eine Kultur etwas zurückweist, was für sie *außerhalb* liegt« (FOUCAULT 1973: 9). Diese Geschichte der Grenzziehungen verfolgt er auf den Ebenen von Alltagspraktiken und institutionellen Praktiken sowie der literarisch-künstlerischen, philosophischen und medizinischen Diskurse. Im Unterschied zu seinen späteren Analysen nimmt er (noch) einen pathetischen Ausgangspunkt ein, in dem die Sehnsucht nach der Existenz, Aufdeckung und Wiederbelebung einer ›ursprünglichen‹ Erfahrung des Wahnsinns, nach einer Situation *vor* der Trennung von Wahnsinn und Vernunft anklingt: Wenn die heutige Sprache der Psychiatrie als ›Monolog der Vernunft *über* den Wahnsinn‹ in Erscheinung trete, so ziele er nicht auf eine Geschichte dieser Sprache, sondern auf die ›Archäologie dieses Schweigens‹ (ebd.: 8). Am Ausgangspunkt stehe ein imaginärer ›Punkt Null der Geschichte‹, an dem der Wahnsinn noch nicht eine von der Vernunft differenzierte Erfahrung sei, indem also die Trennung

38 Foucault kam in Interviews und Vorträgen (Foucault 2001o, 2001p), weiteren Büchern (FOUCAULT 1975; FARGE/FOUCAULT 1989) und einigen Vorlesungen am *Collège de France* – etwa über *Die Anormalen* (FOUCAULT 2003x), worin er sich mit der medizinischen psychiatrischen Behandlung von ›Monstern‹, ›masturbierenden Kindern‹ u.a. beschäftigt, sowie derjenigen über die *Die Macht der Psychiatrie* (FOUCAULT 2005aa) – auf dieses Thema zurück.

noch nicht vorgenommen worden ist. Spuren davon finden sich in geschichtlichen Momenten, in denen der Wahnsinn in vielfältigem Dialog mit der Vernunft stand. Die letzten Zeugen einer solchen Konstellation sind die tragischen Dichter und Philosophen, allen voran Hölderlin und Nietzsche.

Die Untersuchung der Trennung von Wahnsinn und Vernunft dürfe, so argumentiert Foucault, nicht dem Fehler verfallen, eine Geschichte fortschreitender Erkenntnis und zunehmend ›wahrer‹ Beschreibungen sowie humanerer Behandlungen des Wahnsinns zu verfolgen, sondern sie müsse an der Geste oder Praxis der Trennung und Einsperrung ansetzen, an die dann erst die psychologische und psychiatrische Wissenschaft anschließe. Das ist Foucaults Umkehrung der Psychiatriegeschichte. Denn ihm geht es um die Geschichte »des Wahnsinns selbst«, bevor er Gegenstand des modernen psychiatrischen Wissens wurde. Diese

> »Geschichte des Wahnsinns schreiben, wird also heißen: eine Strukturuntersuchung der historischen Gesamtheit – Vorstellungen, Institutionen, juristische und polizeiliche Maßnahmen, wissenschaftliche Begriffe – zu leisten, die einen Wahnsinn gefangenhält, dessen ungebändigter Zustand in sich selbst nie wiederhergestellt werden kann« (FOUCAULT 1973: 13).

Foucaults materialreiche und labyrinthisch-verschlungene Erläuterungen der *Geschichte des Wahns* skizzieren die Komplexität, Heterogenität, Widersprüchlichkeit, aber auch die Strukturzusammenhänge, Muster und Effekte der (institutionellen) Praktiken und Diskurse, die innerhalb der Renaissance, dem klassischen Zeitalter und in der Neuzeit die Trennung von Wahnsinn und Vernunft vornehmen. Im Einzelnen blieben seine Ausführungen nicht unwidersprochen (vgl. BRIELER 1998a; SARASIN 2005: 31). Doch es gelingt ihm in überzeugender Weise sowohl die Reichhaltigkeit der Bezugnahmen auf den Wahnsinn wie auch die Diskontinuitäten zwischen den verschiedenen Epochen hervorzuheben. Das kann hier nur in aller Kürze zusammengefasst werden.

Die Erste der von Foucault untersuchten Epochen ist das Mittelalter bzw. die Renaissance. In dieser Zeit besteht ein intensives Verhältnis zwischen der Vernunft und dem Wahnsinn. Hier war

> »die Auseinandersetzung des Menschen mit der Demenz ein dramatisches Gespräch, das ihn den tauben Kräften der Welt gegenüberstellte, und die Erfahrung mit dem Wahnsinn verschleierte sich damals in Bildern, in denen es um die Frage des Sündenfalls, der Erfüllung, des Tiers, der Verwandlung und der ganzen wunderbaren Geheimnisse der Gelehrsamkeit ging« (FOUCAULT 1973: 14).

Wie sieht das entsprechende Mosaik in der Rekonstruktion durch Foucault aus? Er konstatiert ein breites Spektrum von Umgangsweisen: Der Wahnsinn, die Tollheit, die Narretei sind unverzichtbare Teile des Menschlichen, stehen nicht im Gegensatz zur Vernunft, sondern sind Teil eines ›tragischen Bewusstseins‹ eines breiten Bedeutungsfeldes, in dem Vernunft, Irrtum, Täuschung, Unvernunft oder Irresein nebeneinander stehen. Die Auseinandersetzung mit den aufkommenden Wissenschaften setzt die Klärung des Verhältnisses zwischen dem richtigen Verstandesgebrauch und der Narretei in Gang. Erasmus von Rotterdam veröffentlicht 1511 ein *Lob der Torheit*, in dem er die Verwechselbarkeit von Wahnsinn und Vernunft diskutiert. Damit sind Spuren gelegt, die zu einem ›kritischen Bewusstsein‹ des Wahnsinns führen, zu einer Haltung, die ihn von den normalen Verstandesleistungen abtrennt und zu einer isolierten Sondererfahrung macht, deren negativer Gehalt es an der Vernunft zu messen gilt. Ebenso vielfältig wie die Versuche der philosophischen und literarischen Sortierung sind die Praktiken des Umgangs mit den ›Irren‹, die von der Einsperrung in ›Narrentürmen‹, dem Dulden in der Dorfgemeinschaft bis zum Abschieben auf Schiffen reichen. Symbolisch verdichtet erscheint dies in der literarisch-künstlerischen Idee und gesellschaftlichen Praxis des *Narrenschiffs*, von dem in Schriften erzählt und das auf Bildern gezeigt wurde: ein Schiff, auf das man die ›Narren‹ verfrachtete, um sie der Flussströmung oder den Meerwinden auszusetzen. Für Foucault ist das massive Auftauchen des ›Narrenschiffs‹ Ausdruck einer ›großen Unruhe‹ am Ende des Mittelalters. Mit dem Verschwinden der Lepra stehen die an den Stadträndern gebauten Häuser für Leprakranke leer; sie werden einem neuen Bestimmungszweck zugeführt: »Arme, Landstreicher, Sträflinge, und ›verwirrte Köpfe‹ spielen die Rolle, die einst der Leprakranke innehatte [...]« (FOUCAULT 1973: 23). Vor allem der Wahnsinn zieht am Ende dieser Epoche die Ansteckungsängste auf sich, die zuvor der Lepra zukamen. Mit der unter Historikern umstrittenen Diagnose einer ›großen Gefangenschaft‹ beginnt so im 17. Jahrhundert eine neue Periode: das ›Narrenhaus‹ löst das ›Narrenschiff‹ ab.

> »In der Geschichte des Wahnsinns zeigen zwei Ereignisse mit einzigartiger Klarheit diese Veränderung: 1657 wird das Hôpital général gegründet und gibt es die ›große Gefangenschaft‹ der Armen; 1794 werden die in Bicêtre [einem Asyl in Paris, Anm. RK] Angeketteten befreit« (FOUCAULT 1973: 14).

Was ist dazwischen passiert? Die im ›Narrenschiff‹ symbolisierte Abschiebung der ›Irren‹, die einer Aussetzung ins Ungewisse gleichkommt, wird durch die ›Einsperrung‹ ersetzt. In dieser Einsperrung genießen die ›Irren‹ jedoch keinen Sonderstatus. Vielmehr werden in den Asylen unterschiedslos all diejenigen zusammengesteckt, die nicht arbeiten wollen oder können, egal was die Gründe dafür sein mögen: ›Faulenzer‹, ›Landstreicher‹, ›Bettler‹, ›Kranke‹, ›Alte‹, ›Irre‹. Alle hätten, so lautet das Edikt des Königs, ein Recht auf Armenfürsorge, Verpflegung und Unterkunft. Dafür werden die Verwalter der Asyle mit weitreichenden Vollmachten ausgestattet.

In dieser Praxis der Einsperrung mischen sich Motive der Fürsorge mit denjenigen der Gewährleistung öffentlicher Ordnung und der Durchsetzung einer neuen industriegesellschaftlich-kapitalistischen Arbeitsethik. Die Einsperrung wird zur moralischen Anklage, zum Appell an die Selbst-Verantwortung, zur Besserungsanstalt, zur ›Internierung‹. Denn die Insassen werden zunehmend zur Arbeit verpflichtet, sollen den Arbeitsmarkt entlasten oder zur Arbeit erzogen werden. In diesem politisch-ökonomischen Hintergrund sieht Foucault den wesentlichen Faktor für die Ausbreitung solcher Asyle. Für ihn spielen die Moral und die Normen der sich durchsetzenden industriekapitalistischen Arbeitsgesellschaft eine wichtige Rolle in der Konstitution der Erfahrung des Wahnsinns. So kann er zahlreiche Quellen zitieren, die belegen: Wenn jemand nicht einsieht, dass er arbeiten soll und muss, dann muss er ein Narr sein; wer sein Geld unnötig verprasst, für den gilt dies ebenfalls; wer als Familienvater nicht Sorge um die Seinen trägt, ist schon in den Augen der nächsten Angehörigen nicht zurechnungsfähig und sollte eingesperrt werden (vgl. FARGE/FOUCAULT 1989). Die moralische Norm der Arbeit steht für Foucault am Anfang der Bestimmung des Wahnsinns als Geisteskrankheit und Fehlfunktion des Verstandes. Psychiatrie und Psychologie entstehen nicht aus einer Wissensentwicklung heraus, sondern aus einem durch Herrschaftseliten und Bürgertum vorangetriebenen Wandel der Moral, der Normen.

In den Asylen tauchen vielfältige Probleme auf. Nicht alle können arbeiten, nicht alle wollen arbeiten. Das Zusammensein ganz unterschiedlicher ›Problemgruppen‹ in den ehemaligen Lepra-Häusern bildet ein explosives Gemisch, ruft Angst- und Ansteckungsphantasmen hervor, sowohl innerhalb der Häuser als auch in ihrem Umfeld. Dem kann durch eine Trennung der ›Kranken‹ und ›Irren‹ von den ›Gesunden‹ und ›Arbeitsfähigen‹ begegnet werden. Dafür wiederum bedarf es eines klassifikatorischen und medizinisch-diagnostischen Wissens. Dies ist die Stunde der Ärzte: Sie übernehmen die Trennung der nicht arbeitsfähigen ›Irren‹ vom Rest der Armenbevölkerung.

Neben den Praktiken der Einsperrung bemüht sich seit Anfang des klassischen Zeitalters auf einer ganz anderen, von den praktischen Problemen und Politiken losgelösten Ebene die aufkommende Wissenschaft um die Vergewisserung der sicheren Vernunft- und Verstandesgrundlagen ihres Wissens. Gewiss hatte auch die Gerichtsbarkeit ihr Dauerproblem mit der Frage der Zurechnungsfähigkeit von Angeklagten. Doch das ist für Foucault nur ein eher unbedeutender Nebenstrang der Entwicklung. Er beobachtet die Ebene der Konstitution der positiven Wissenschaften und bezieht sich stellvertretend auf René Descartes, der mit barscher und grundsätzlicher Geste den Wahnsinn als Möglichkeit aus dem Denken verbannt. Da er sich nicht, wie der Traum oder der Irrtum, durch das Denken und die Verstandesprüfung aufklären lasse, muss er aus dem Denken ausgeschlossen oder vielmehr zum Gegenstand eines nunmehr positiven medizinischen Wissens werden, das sich seiner bemächtigt. Gleichwohl bleibt randständig in literarischen und philosophischen Reflexionen die Irritation durch das Andere der Vernunft erhalten, die Vorstellung vom Wahnsinn als einer Unvernunft, die mehr Wahrheit besitzen mag als die Vernunft selbst. Auch die Unsicherheiten in der Erfahrung der gesellschaftlichen Veränderungen zur Moderne hin rufen den Wahnsinn als Horizont des Fortschritts in Erinnerung.

Die im Zitat weiter oben erwähnte ›Befreiung der Angeketteten‹ setzt an der Schwelle zur Gegenwart gegen Ende des 18. Jahrhunderts ein und

> »fällt mit dem Augenblick zusammen, als der Wahnsinn weniger im Verhältnis zum Irrtum als im Verhältnis zum gewöhnlichen, normalen Verhalten wahrgenommen wird; als er nicht mehr als gestörtes Urteilsvermögen erscheint, sondern als Störung im Handeln, Wollen und Fühlen, im Entscheiden und in der Nutzung der persönlichen Freiheit; kurz, als man ihn nicht mehr auf der Achse Wahrheit-Irrtum-Bewußtsein, sondern auf der Achse Gefühl-Wille-Freiheit einträgt« (FOUCAULT 2005X: 493).

Sie ist, so Foucault, weniger Ergebnis der revolutionären Fortschritte oder eines modernen Humanismus', als vielmehr zunächst die Lösung der erwähnten praktischen Probleme der Asyle, aber auch Ausdruck sich verändernder Einschätzungen ihrer arbeitsmarktpolitischen Funktionen, welche darauf drängen, dass die Arbeitsfähigen für sich selbst zu sorgen haben. Philippe Pinel, Arzt, Psychiater und Anstaltsleiter von Bicêtre, ordnet die Lösung der Ketten an. Die Irren werden nunmehr getrennt und in einem eigenen Asyl untergebracht, wo sie unter Beobachtung stehen, studiert werden, zum Reden gezwungen und Behandlungen unterworfen sind. Das ist die ideale Voraussetzung für die Entwicklung des medizinisch-psychologischen und psychiatrischen Wissens, der Konstitution des Wahnsinns als ›Entfremdung‹ von Kultur oder Natur und ›Geisteskrankheit‹, zusammengefasst: für die Entstehung eines neuen produktiven Machtdispositivs in Form der psychiatrischen Anstalten (FOUCAULT 2005aa). Nach Foucault verändert sich der Charakter der Einsperrung hin zur ›Internierung‹. Pinel und in anderer Weise der englische Quäker William Tuke werden zu Pionieren einer klinischen Behandlung, die den Irren moralische Verantwortung für ihre Besserung abverlangt, die die Ketten gleichsam ins Innere des Bewusstseins verlegt, sie zur ständigen wahren Aussage über ihre Krankheit verpflichtet und sie zu nichts anderem mehr machen will, als zu ›arbeitsfähigen Normalbürgern‹. Aus dem neuen psychiatrischen Anstaltsdispositiv entsteht eine immense Wissensproduktion, die nicht nur ›geistige Störungen‹ in Gestalt diverser ›Manien‹ auch da entdeckt, wo doch der ›Verstand‹ ganz richtig zu funktionieren schien, sondern die bis hin zur Entwicklung der Psychoanalyse durch Sigmund Freud die ›Gestörten‹ zum Reden verdammt und die machtvolle Hierarchie zwischen Experten und Kranken in ungeahnter Stärke einsetzt. Die Anstalt ist für Foucault ein ›Schlachtfeld‹, ein Ort der Machtbeziehungen, in dem in zuvor nicht gekanntem Maße die Mikrophysik der Disziplinierung auf die Körper und den Geist der Insassen zugreift – und der Ort, der später dann die verschiedenen antipsychiatrischen Bewegungen hervorrufen sollte.

»Öffnen Sie einige Leichen«[39]

»Es ist von entscheidender und bleibender Bedeutung für unsere Kultur, daß ihr erster wissenschaftlicher Diskurs über das

39 Kapitelüberschrift des achten Kapitels der *Geburt der Klinik* (FOUCAULT 1976).

Individuum seinen Weg über den Tod nehmen mußte« (FOUCAULT 1976: 207). Der »Raum, die Sprache, der Tod« (ebd.), das sind die Kennzeichen der entstehenden modernen Medizin: Sie öffnet den toten Körper, um die Krankheiten in seinem Inneren zu sehen, sie gibt dem Sichtbaren eine sagbare Gestalt, eine Wissensform, einen Diskurs. Foucault setzt seine Erkundung der Macht-Wissenskonfigurationen mit einer historischen Studie über die Entstehung der modernen Medizin fort, die sich auf die wichtigsten medizinischen Texte der untersuchten Epoche bezieht. Gegenstände von *Die Geburt der Klinik. Eine Archäologie des ärztlichen Blicks* sind mehrere Verschiebungen des medizinischen Wissens, der ärztlichen Praxis und der gesellschaftlichen Bedeutung von ›Gesundheit‹ an der Wende vom 18. ins 19. Jahrhundert. Er bezieht sich damit auf einen kleinen Zeitraum, der den Übergang vom klassischen Zeitalter zur Neuzeit umfasst. Am Ende dieser Übergangszeit ist die moderne Medizin in der Weise entstanden, wie sie bis in die Gegenwart reicht und von Foucault als neuer »Diskurs der medizinischen Erfahrung« untersucht wird:[40]

> »Die Klinik ist sowohl eine neue Gliederung der Dinge wie auch das Prinzip ihrer Artikulierung in einer Sprache, in der wir die Sprache einer ›positiven Wissenschaft‹ zu sehen pflegen. [...] Betrachtet man sie aber in ihrer Gesamtstruktur, so erscheint die Klinik als eine für die Erfahrung des Arztes neue Profilierung des Wahrnehmbaren und des Aussagbaren: als Neuverteilung der diskreten Elemente des körperlichen Raumes [...]; als Reorganisation der Elemente, die das pathologische Phänomen konstituiert [...]; als Definition der linearen Reihen der Krankheitsereignisse [...]; als Einfügung der Krankheit in den Organismus [...]. In einer winzigen aber entscheidenden Veränderung kündigt sich diese neue Struktur an [...]: wurde im 18. Jahrhundert der Dialog zwischen dem Arzt und dem Patienten mit seiner spezifischen Grammatik und Stilistik durch

40 Foucault (2003g, h, i, j, x) hat später die Diskussion medizinischer Entwicklungen wieder aufgenommen, die Medikalisierung der Gesellschaft und die Ökonomisierung der Gesundheit diskutiert. Dieser Duktus der Kritik fehlt in *Die Geburt der Klinik*.

die Frage ›Was haben Sie?‹ eröffnet, so finden wir die Spielregeln der Klinik und das Prinzip ihres Diskurses in jener anderen Frage wieder: ›Wo tut es Ihnen weh?‹« (FOUCAULT 1976: 15f.).

Erneut geht es Foucault um die Rekonstruktion von Diskontinuitäten der historischen Entwicklungen, um den Nachweis, dass die Veränderungen nicht einfach als Rationalitätsgewinn und Fortschritt gelesen werden können. Vielmehr handelt es sich um unterschiedliche Konfigurationen von Diskursen und nichtdiskursiven Praktiken, von Anstalten, Gesundheitspolitiken, Fürsorge, Helfen und Wissen, zu deren Wandel eine Vielzahl von Faktoren beigetragen hat. Am Ausgangspunkt steht die ›Medizin der Arten‹ (die ›Nosologie‹), wie sie in den Spitälern praktiziert wird. Krankheiten werden wie Pflanzen betrachtet und nach einem Klassifikationssystem sortiert, systematisiert und behandelt. Sie entfalten sich, wachsen, gedeihen und verblühen im Unsichtbaren, im Körper der Kranken, der letztlich unwichtig bleibt, ja sogar als »Störung des Krankheitsverlaufs« in Erscheinung tritt (zit. nach FOUCAULT 1976: 31). Foucault illustriert die ›Fremdheit‹ dieser Vorgehensweise durch einen Bericht über die zehnmonatige Bäderkur einer ›Hysterikerin‹ aus dcr Mitte des 18. Jahrhunderts. Doch die Spitäler gelten als problematisch, zum einen wegen wechselseitiger Ansteckungen, aber auch deswegen, weil zum anderen hier Kranke, Arme und Alte zusammen leben. Deswegen wird die Forderung nach ihrer Auflösung laut; der geeignete Ort für die Kranken beispielsweise sei die Familie.

Doch diese Position setzt sich nicht durch. Vor und mit der französischen Revolution wird – nicht zuletzt angesichts mehrerer Epidemien, die für allgemeine Beunruhigung sorgen und eine Gesundheits-›Polizey‹ auf den Plan rufen oder 1776 zur Einsetzung der ›Königlichen Gesellschaft für Medizin‹ führen – die ›Gesundheit der Bevölkerung‹ zu einem wichtigen öffentlichen Thema und zur Staatsaufgabe. Die Ausbildungsordnung für Ärzte wird neu geregelt, die Differenzierung zwischen dem frei praktizierenden Volksarzt und dem wissenschaftlichen Doktor der Medizin, dem Klinikarzt, eingeführt. Neben dem Mythos der Ärzteschaft entsteht derjenige eines »vollständigen Verschwindens der Krankheit« (FOUCAULT 1976: 48). Hauptmerkmal der entstehenden modernen medizinischen Praxis und des medizinischen Diskurses ist für Foucault die Etablierung der Klinik als Ort der Beobachtung der Krankheiten und der Kranken, als Produktivstätte des medizinischen Wissens, in der unterschiedlichste Praktiken und Diskurse aufeinander bezogen sind. Die Symptome der Krankheiten werden nunmehr systematisch erfasst, die Krankheiten einerseits von den Individuen getrennt, andererseits die Individualität der Krankheitsverläufe zum Gegenstand des positiven Wissens. Die Bestimmung der ›Normalität‹ der körperlichen Prozesse und der diesbezüglichen Abweichungen sind für das neue Wissen über Krankheiten ausschlaggebend. Eine besondere Rolle kommt dabei dem machtvollen Blick der Ärzte zu. Die neue Medizin ist wesentlich eine Medizin des medizinischen Auges und der ›Sichtbarkeiten‹; sie wird ermöglicht durch die Wiederentdeckung der Anatomie, des »Öffnens der Leichen«: »Das Auge wird zum Hüter und zur Quelle der Wahrheit« (FOUCAULT 1976: 11). Der französische Begriff für den Vorgang des ›Sehens‹ (›voir‹) ist im Begriff des ›Wissens‹ (›savoir‹) enthalten. Foucault zitiert dazu einige detaillierte Beschreibungen von Schädelöffnungen. Damit wird ein positives, auf dem sezierenden, beobachtenden Vorgehen des Arztes beruhendes wissenschaftliches Vorgehen der Medizin begründet. Dieses Wissen, in dem Menschen Subjekte und Objekte des Erkennens zugleich sind, beruhe – so Foucault – auf dem Tod, d. h. auf der Endlichkeit des Menschen. Die Medizin liefert damit das Grundparadigma der Humanwissenschaften des 19. Jahrhunderts:

> »Von hier aus läßt sich die Bedeutung der Medizin für die Konstituierung der Wissenschaften vom Menschen erkennen: eine Bedeutung, die nicht nur methodologischer Art ist, da sie das Sein des Menschen als Gegenstand positiven Wissens betrifft. Die Möglichkeit des Individuums, zugleich Subjekt und Objekt seiner eigenen Erkenntnis zu sein, führt dazu, daß sich die Struktur der Endlich-

keit im Wissen umkehrt. [...] die Gesundheit tritt an die Stelle des Heils, sagte Guardia. Denn die Medizin hält dem modernen Menschen das hartnäckige und beruhigende Gesicht seiner Endlichkeit vor; in ihr wird der Tod ständig beschworen: erlitten und zugleich gebannt [...]« (FOUCAULT 1976: 208).

Die Humanwissenschaften und der endliche Mensch

»Was ist eigentlich für uns unmöglich zu denken?« (FOUCAULT 1974a: 17). In dieser Frage nimmt Foucaults nächste Studie über den Zusammenhang zwischen *Les Mots et les Choses* (Die Wörter und die Dinge, so der französische Originaltitel von *Die Ordnung der Dinge*) ihren Ausgang.[41] Er illustriert sie im Hinweis auf einen (fiktionalen) Text von Jorge Luis Borges, in dem Letzterer eine »chinesische Klassifikation von Tieren« erwähnt, die Westeuropäern absurd, widersprüchlich, völlig untauglich zur Erfassung der Lebewesen erscheint. Doch worauf beruht unsere Einschätzung davon, wie die Dinge sprachlich erfasst und sinnvoll in Bezug gesetzt werden können? Warum gehen wir davon aus, »daß *es* Ordnung *gibt*« (FOUCAULT 1974a: 23), aber dass diese Ordnung nicht beliebig sprachlich formuliert werden kann? Wie sieht eine ›Geschichte dieser Ordnungen‹ aus? Gegen Ende seiner Untersuchung über die *Geburt der Klinik* betont Foucault deutlich, dass die moderne Medizin im oben erläuterten Sinne ihren Ausgangspunkt in der ›Endlichkeit‹ und dem ›Tod‹ des Menschen nehme. Sie liefere damit das Leitmodell der neuen Humanwissenschaften. Diese These wird in *Die Ordnung der Dinge* anhand anderer wissenschaftlicher Disziplinen weiter verfolgt. Foucaults Vorgehensweise unterscheidet sich hier deutlich von derjenigen in seinen vorherigen

41 Ursprünglich sollte das Buch den Titel *Die Prosa der Welt* tragen – doch der war durch Merleau-Ponty besetzt. Foucaults zweite Wahl *L'ordre des choses* (*Die Ordnung der Dinge*) war in Frankreich ebenfalls schon vergeben.

Büchern. Diesmal beschäftigt er sich ausschließlich mit wissenschaftlichen Texten beziehungsweise Disziplinen; die *Archäologie des Wissens* entfaltet sich in Reinform. Der Blick auf nichtdiskursive Praktiken entfällt ganz und gar. Das schwierige und in Teilen langatmige Buch wird als entschiedene ›Kampfschrift‹ gegen die Bewusstseinsphilosophie, gegen Existenzialismus, Humanismus, Marxismus und Phänomenologie wahrgenommen, als ›Manifest‹ der strukturalistischen Bewegung. Dazu trägt vor allem Foucaults emphatische These vom absehbaren ›Verschwinden des Menschen‹ bei, auch einige eindrucksvolle Analysen, insbesondere diejenige des Bildes *Die Hoffräulein*, das der spanische Maler Velázquez gemalt hatte. Foucault wird zum Star der französischen Intellektuellenszene.[42]

Foucault verfolgt in *Die Ordnung der Dinge* eine weitreichende und stark zugespitzte Grundthese: Innerhalb einer Epoche, eines Zeitalters werde die gesellschaftliche, insbesondere die wissenschaftliche Wissensproduktion durch ein allgemeines dominierendes Grundmuster organisiert und strukturiert, das sich in allen Disziplinen wiederfinde:

> »Was aber, wenn empirisches Wissen zu einer gegebenen Zeit und innerhalb einer gegebenen Kultur *wirklich* eine wohldefinierte Regelmäßigkeit besäße? [...] Wenn Irrtümer (und Wahrheiten) [...] in einem gegebenen Augenblick den Gesetzen eines bestimmten Wissenscodes gehorchten?« (FOUCAULT 1974a: 9f.).

Foucault nennt dieses Grundmuster ›episteme‹ (griech. ›epistemai‹: Wissen, Erkenntnis, im Unterschied zur Meinung bzw. ›doxa‹). Er betritt damit einen Wissensbereich – die wissenschaftliche, empirisch orientierte Wissensproduktion –, der sich sowohl vom Alltagswissen wie auch von den philosophisch-abstrakteren Wissensformen unterscheidet. Verschiedene Epochen lassen sich nach der jeweils dominanten Episteme diffe-

42 Foucault gesteht zu, er habe Probleme der Veränderungsmechanismen oder der Kausalität unzureichend behandelt und das Konzept der ›episteme‹ überzogen; schließlich habe er den Stellenwert des ›Verschwindens des Menschen‹ falsch eingeschätzt. Vgl. dazu das Vorwort zur deutschen Ausgabe sowie Foucault (1996).

renzieren, welche die Organisation dieses empirischen Wissens strukturiert. Foucault spricht diesbezüglich von einem ›positiven Unbewussten des Wissens‹ oder – in Absetzung von der Erkenntnistheorie Kants, der apriorische Bedingungen des Erkennens auf der Ebene des transzendentalen Bewusstseins verortet hatte – von einem ›*historischen* Apriori‹, das der Reflexion der Personen entgeht, die mit der Wissensproduktion befasst sind. Es kann jedoch ex post durch eine Analyse der produzierten Texte und Diskurse rekonstruiert werden – die Untersuchung der *Ordnung der Dinge* ist eine Analyse der Muster der Erkenntnisbildung in wissenschaftlichen Diskursen. Diese Aufgabe hat sich Foucault vorgenommen. Er wendet sich erneut den Epochen der Renaissance, des klassischen Zeitalters und der Neuzeit zu und dort jeweils drei empirisch-wissenschaftlichen Wissensgebieten: der Beschäftigung mit Sprache, der Analyse der Reichtümer und der Untersuchung des Lebenden:

> »[...] die Naturgeschichtler, die Ökonomen und die Grammatiker benutzten – was ihnen selbst unbekannt blieb – die gleichen Regeln zur Definition der ihren Untersuchungen eigenen Objekte, zur Ausformung ihrer Begriffe, zum Bau ihrer Theorien« (FOUCAULT 1974a: 12).

Für jede der erwähnten Epochen rekonstruiert Foucault eine deutlich andere Ordnung des Wissens, also der Dinge; die Frage nach den Übergängen zwischen diesen Epistemen bleibt ausgeblendet.

Die Epoche der Renaissance kennzeichnet Foucault durch die Episteme der ›Ähnlichkeit‹. Diese geht davon aus, dass zwischen den Dingen der Welt Ähnlichkeitsbeziehungen bestehen, die im wissenschaftlichen Wissen über die Welt entziffert und abgebildet werden können:

> »Das Verhältnis etwa der Sterne zum Himmel, in dem sie glänzten, findet sich wieder zwischen Gras und Erde, den Lebenden und der von ihnen bewohnten Kugel, im Verhältnis von Mineralen und Diamanten zu den sie verbergenden Felsen, von Sinnesorganen zu dem von ihnen belebten Gesicht, von Flecken auf der Haut zu dem von ihnen insgeheim markierten Körper« (FOUCAULT 1974a: 51).

Zwischen beispielsweise der Pflanze Eisenhut und dem menschlichen Auge bestehe eine Beziehung der ›Sympathie‹, die an Zeichen abgelesen werden könne, die dafür stehen, dass sie bei Augenkrankheiten nützlich sind: die Samenkörner, »sind kleine dunkle Kügelchen, eingefaßt in weiße Schalen, die ungefähr das darstellen, was die Lider für die Augen sind« (FOUCAULT 1974a: 58).

Im klassischen Zeitalter lässt sich die Episteme als ›Repräsentation‹ bestimmen. Der *Don Quijote de la Mancha* von Miguel de Cervantes, der die Flügel der Windmühlen für Arme von Riesen hält, ist der scheiternde Held der vergangenen Epoche der Ähnlichkeiten. Nunmehr ist das »Ordnen mit Hilfe der Zeichen die Konstitution allen empirischen Wissens als Wissensgebiete (*savoirs*) der Identität und des Unterschieds« (FOUCAULT 1974a: 91). Die Klassifikationen, Taxonomien, ›Tableaus‹ der Übereinstimmungen und Unterschiede bestimmen die Art und Weise, in der das Wissen in Gestalt sprachlicher Bezeichnung und damit verbundener Einsortierung die Ordnung der Welt ›nachzeichnet‹. Die Dinge müssen nach einem widerspruchsfreien Schema beobachtet, gemessen, zerlegt, analysiert, beschrieben und vom Einfachen zum Komplexen systematisiert werden. Die ›Repräsentation‹ zielt auf die vollkommene Gewissheit über die gegebene Ordnung der Welt durch ihre vollkommene Abbildung in den sprachlichen Zeichen, also im Wissen.

Die Neuzeit kennzeichnet Foucault durch eine Episteme, die er ›Analytik der Endlichkeit‹ nennt.[43] Nun rückt der Mensch, das endliche Wesen, als Subjekt und Objekt des Wissens in den Mittelpunkt. Das heißt nicht, es habe zuvor keine Position für den Menschen im Wissen gegeben. Doch nun wird – etwa bei Kant – das menschliche Vermögen der Welterkenntnis selbst zum Thema, d.h. die Frage nach den trans-

43 Hier ist der Einfluss Heideggers deutlich, der in *Sein und Zeit* sowie in *Kant und das Problem der Metaphysik* schrieb, mit Kant habe der Mensch und damit das Thema der ›Endlichkeit‹ Einzug in die Philosophie gehalten (GEIER 2005: 62ff.).

zendentalen, zeit- und raumunabhängigen Grundlagen der Erkenntnisleistungen eines endlichen Wesens:

»Vor dem Ende des achtzehnten Jahrhunderts existierte der *Mensch* nicht. Er existierte ebensowenig wie die Kraft des Lebens, die Fruchtbarkeit der Arbeit oder die historische Mächtigkeit der Sprache [...] Zweifellos haben die Naturwissenschaften vom Menschen als einer Art oder Gattung gehandelt: die Diskussionen über das Rassenproblem im achtzehnten Jahrhundert bezeugen das. Die Grammatik und die Ökonomie benutzten außerdem Begriffe wie die des Bedürfnisses, des Verlangens oder der Erinnerung und Vorstellungskraft. Aber es gab kein erkenntnistheoretisches Bewußtsein vom Menschen als solchem« (FOUCAULT 1974a: 373).

Dieser Mensch ist nun ultimativer Gegenstand des Wissens. In der ökonomischen Theorie wird seine Arbeitskraft zur Quelle der Reichtümer; in der Sprachanalyse wird die Unterschiedlichkeit der menschlichen Sprachen untersucht. Auch tritt zunehmend die Geschichtlichkeit der Welt der Dinge und des Menschen in den Vordergrund; diese geht zugleich einher mit der Frage nach dem ›Wesen des Menschen‹, also nach dem, was sich der Geschichtlichkeit entzieht. Es geht nicht länger um die Systematisierung von Gleichheiten und Unterschieden, sondern um Zusammenhänge, Organisationen und Funktionen von Prozessen:

»Seit Adam Smith ist die Zeit der Ökonomie nicht die zyklische der Verarmungen und des wachsenden Reichtums. [...] Es wird die innere Zeit einer Organisation sein, die gemäß ihren eigenen Notwendigkeiten wächst und die nach autochthonen Gesetzen sich entwickelt – die Zeit des Kapitals und der Produktionsweise. [...] Auf dem Gebiet der Naturgeschichte sind die Veränderungen, die man zwischen 1775 und 1795 feststellen kann, von gleichem Typus« (FOUCAULT 1974a: 279).

›Anthropologie‹, ›Subjektivität‹, das ›menschliche Wesen‹, die ›Endlichkeit‹ oder ›Leben, Arbeit, Sprache‹, ›Herrschaft und Befreiung‹, das sind die Elemente der Analytik der Endlichkeit, die das Denken bis in die Gegenwart prägen und in die moderne Gestalt der Psychologie, Soziologie, Literatur- und

Kulturwissenschaften eingegangen sind. Für Foucault handelt es sich um die Manifestationen einer vergänglichen Episteme, und man könne darauf wetten, »daß der Mensch verschwindet wie am Meeresufer ein Gesicht im Sand« (FOUCAULT 1974a: 462). Diese berühmte Schlusszeile der *Ordnung der Dinge* bestreitet keineswegs die weitergehende empirische Existenz von Menschen. Sie kündet jedoch davon, dass die Episteme der Neuzeit abgelöst werden könnte von einer neuen Ordnung des Wissens, so wie sie selbst eine ältere Ordnung ablöste; eine Prognose, die Foucault später zurücknahm. In dieser neuen Ordnung wäre dann, so Foucault damals, nicht länger ›der‹ Mensch der Dreh- und Angelpunkt des Wissens. Anzeichen für eine solche Ablösung sieht er im ethnologischen Strukturalismus oder auch in der strukturalen Psychoanalyse, in zwei sehr unterschiedlichen Positionen und Gebieten also, die beide den verborgenen, ›unbewussten‹ Mechanismen nachspüren, die sich der menschlichen Selbst-Kontrolle entziehen.

Disziplinierung der Körper

Foucaults Analyse der neuzeitlichen ›Disziplinierung der Körper‹, die er in mehreren Vorlesungen ausarbeitet, beginnt in *Überwachen und Strafen. Die Geburt des Gefängnisses* mit der Schilderung einer missglückten Hinrichtung aus dem Jahre 1757.[44] Der Verurteilte soll gemartert und von Pferden gevierteilt werden. Nicht alles verläuft wie geplant; mehrmals muss den Pferden nachgeholfen werden. All das ist ein öffentliches Schauspiel. 81 Jahre später hat sich der Umgang mit Verurteilten deutlich verändert. Foucault zitiert aus dem »Reglement ›für das Haus der jungen Gefangenen in Paris‹« (FOUCAULT 1977: 12). Darin wird der Arbeitsablauf im Gefängnis festgelegt: die Zeit des Aufstehens, die Dauer der Arbeit, der Mahlzeiten, des Unter-

44 Vgl. dazu *In Verteidigung der Gesellschaft* (FOUCAULT 1999), *Theorien und Institutionen der Strafe* (FOUCAULT 2017) und *Die Strafgesellschaft* (FOUCAULT 2021).

richts, der Nachtruhe usw. Zwischen diesen Daten findet sich erneut ein historischer Übergang vom klassischen Zeitalter zur Neuzeit. Was sich verändert, das sind die Formen und Funktionen der Strafe:

> »Zu Beginn des 19. Jahrhunderts geht also das große Schauspiel der peinlichen Strafe zu Ende; man schafft den gemarterten Körper beiseite; man verbannt die Inszenierung des Leidens aus der Züchtigung. Man tritt ins Zeitalter der Strafnüchternheit ein. Dieses Verschwinden der Martern wird zwischen 1830 und 1848 endgültig« (FOUCAULT 1977: 23).

Die ›peinlichen Strafen‹ der Marter und Hinrichtung hatten ihren Bezugspunkt in der Souveränität des Herrschers. Ein Diebstahl, ein Verbrechen waren nicht nur ein illegaler Akt, sondern ein direkter Angriff auf die Machtstellung und Symbolgestalt des Königs. Das öffentliche Ritual der Bestrafung dient dazu, dessen Souveränität wieder in ihr Recht zu setzen. Allerdings führen die häufigen Fehlschläge zu Aufständen der Zuschauenden, zu Angriffen auf die Henker, zu Sympathiekundgebungen für die Gemarterten. Um diesen Unruheherd stillzulegen, werden die Gefangenen eingesperrt, einem strikten Regime des Tagesablaufs und der Verhaltensweisen unterworfen, zur Arbeit gezwungen. Die Strafe verschwindet aus der Öffentlichkeit; ihr Vollzug wandelt sich von der Bestrafung zum Bemühen um Erziehung, Besserung und Heilung der Straftäter. Diese Geburt des Gefängnisses wird, ähnlich wie die psychiatrische Anstalt und die medizinische Klinik, für Foucault zu einem Dispositiv des Wissens und der Macht, zu einem der Ausgangspunkte, an denen sich die modernen Humanwissenschaften, allen voran: die Psychologie (in Form von Gutachten, Beobachtungen, Technologien der Besserung), entwickeln:

> »Es soll also der Versuch unternommen werden, die Metamorphose der Strafmethoden von einer politischen Technologie des Körpers her zu untersuchen, aus der sich vielleicht eine gemeinsame Geschichte der Machtverhältnisse und der Erkenntnisbeziehungen ableiten läßt. So könnte aus der Analyse der Strafmilde verständlich werden, wie der Mensch, die Seele, das normale oder anormale In-

dividuum zu weiteren Zielen der Strafintervention neben dem Verbrechen geworden sind; und wie eine spezifische Unterwerfungsmethode zur Geburt des Menschen als Wissensgegenstand für einen ›wissenschaftlichen‹ Diskurs führen konnte« (FOUCAULT 1977: 34f.).

Rechtsprechung und Strafe zielen nicht mehr auf die Verstümmelung und Vernichtung der Körper, sondern auf die Besserung der ›Seelen‹. Doch der Weg des neuen strafenden Zugriffs zur Seele führt über die Bemächtigung und Disziplinierung der Körper. Foucault spricht von einer ›politischen Ökonomie des Körpers‹ oder einer ›Mikrophysik der Macht‹, die in die innersten Poren der Körper vordringe, sie zum Arbeiten zwinge, zum Vollzug bestimmter Handlungen, zum Ausdruck spezifischer Zeichen:

> »Die Geschichte dieser ›Mikrophysik‹ der Strafgewalt wäre also eine Genealogie oder ein Stück der Genealogie der modernen ›Seele‹. [...] Der Mensch, von dem man uns spricht und zu dessen Befreiung man einlädt, ist bereits in sich das Resultat einer Unterwerfung, die viel tiefer ist als er. Eine ›Seele‹ wohnt in ihm und schafft ihm eine Existenz, die selber ein Stück der Herrschaft ist, welche die Macht über den Körper ausübt. Die Seele: Effekt und Instrument einer politischen Anatomie. Die Seele: Gefängnis des Körpers« (FOUCAULT 1977: 41f.).

Die Sprengkraft dieser Untersuchung liegt darin, dass Foucault erneut eine etablierte Erzählung über die Entstehung der Gefängnisse umkehrt: Es sind nicht die Fortschritte des Humanismus, der Wissenschaften und der Aufklärung, die zum Verschwinden der Marter und zum Einsetzen der Gefängnisse führen, sondern umgekehrt bildet sich das humanwissenschaftliche Wissen erst von diesem Gefängnis aus. Einem Gefängnis im Übrigen, von dem Foucault konstatiert, dass es das Gegenteil von dem tue, was es behaupte: Dort werden Verurteilte nicht resozialisiert, sondern nach Einschätzung Foucaults produziert gerade das Gefängnis erst im großen Stil den Typus des schweren Kriminellen. Die Gefängnisstrafe wirkt auch in diesem Sinne ›produktiv‹.[45] Es sind weniger die humanistischen Gehalte der verschiedenen Reformdebatten, welche die Menschlichkeit der Verurteilten ins Spiel bringen, die zur Durchsetzung der Gefängnisse beitragen, sondern die darin ebenfalls diskutierten Probleme der ökonomisch-rationalen Ineffizienz des Strafapparates im Kontext einer neuen staatlichen Form der allgemeinen ›Bevölkerungspolitik‹ und des industriegesellschaftlichen Kapitalismus, die sich anschicken, das »alltägliche Verhalten der Individuen, ihre Identität, ihre Tätigkeit, ihre scheinbar bedeutungslosen Gesten« zu erfassen und zu überwachen (FOUCAULT 1977: 99).

Das ›Panoptikum‹, eine von Jeremy Bentham entworfene Architektur des Gefängnisses, wird zum exemplarischen Beispiel der neuen ökonomisch-technologischen Rationalität der Bestrafung: Die Zellen der Gefangenen sind um einen nicht einsehbaren Beobachtungsposten so angeordnet, dass sie von dort ständig, bei Tag und Nacht, eingesehen werden können, ohne dass die Gefangenen wissen, ob und wann dies der Fall ist. Ihr Verhalten ist damit für die Beobachtung vollkommen transparent, aber die fehlende Möglichkeit der Gegenbeobachtung führt dazu, dass sie die Kontrolle internalisieren, sich also so verhalten, als ob sie unter Dauerbeobachtung stünden. Die Macht wird automatisiert, entindividualisiert, sie verschiebt sich auf das Gesamt der Anordnung von Körpern, Blicken, Dingen. Das ist die effizienteste Form der Überwachung; nicht nur das Gefängnis bietet Anwendungsgelegenheiten, sondern auch Fabriken, Schulen, Krankenhäuser und Klöster. Das ›Panoptikum‹ ist eine Modellarchitektur für funktionsorientierte Anstalten, in denen Individuen kontrolliert werden sollen. Die einzelnen Gefangenen werden durch die Gerichtsverfahren und die anschließenden Gefängnisstrafen zu jeweils individuellen Fällen, deren Status, Fort- und Rückschritt dokumentiert wird; Vergleichbares gilt für die Insassen der anderen genannten Anstalten. Foucault spricht von der

45 Foucault verfasste die Studie in der ersten Hälfte der 1970er-Jahre während seines Engagements für die Gefangenenbewegung in Frankreich.

»Individualisierung der Strafen, die dem besonderen Charakter eines jeden Verbrechers gerecht wird« (FOUCAULT 1977: 126). Und an anderer Stelle heißt es: »Das Bedeutendste aber ist, daß die Bildung eines Wissens von den Individuen – als Voraussetzung und Konsequenz – diese Kontrolle und Umformung des Verhaltens begleitet« (FOUCAULT 1977: 162).

Den Erfolg des Gefängnismodells erklärt Foucault nicht aus seiner Leistung bei der »Einsperrung und Besserung« der Kriminellen – die erscheint ihm eher gering. Vielmehr liegt sie in der allgemeinen Bewegung der ›Disziplinierung‹ in dieser Zeit, die einen wesentlichen Ausgangspunkt im Kampf gegen die Pest und in der diesbezüglichen Einrichtung von Überwachungsmaßnahmen hatte. Das lässt Foucault von der »Formierung der ›Disziplinargesellschaft‹« sprechen, welche das Problem der Akkumulation von Menschen und von Kapital löse und sich schließlich in der Ausbreitung allgemeiner Polizeiapparate manifestiere. Die Disziplinen[46] hatten ihre Orte auch in neuen Organisationsweisen des Militärs, in den neu eingerichteten Schulen und Bildungslaufbahnen und insbesondere in den Fabrikordnungen. Überall treten die Körper in den Mittelpunkt der Aufmerksamkeit und werden zum Zielobjekt einer eingreifenden Formung: der Haltung, der Bewegung in Zeit und Raum, der Wissensaneignung:

> »Diese Methoden, welche die peinliche Kontrolle der Körpertätigkeiten und die dauerhafte Unterwerfung ihrer Kräfte ermöglichen und sie gelehrig/nützlich machen, kann man die ›Disziplinen‹ nennen. [...] So formiert sich eine Politik der Zwänge, die am Körper arbeiten, seine Elemente, seine Gesten, seine Verhaltensweisen kalkulieren und manipulieren. [...] Aus diesen Kleinigkeiten und Kleinlichkeiten ist der Mensch des modernen Humanismus geboren worden« (FOUCAULT 1977: 175ff.).

Foucault beschreibt detailliert unterschiedlichste Elemente dieses Zugriffs der ›Disziplinarmacht‹ auf die Körper, etwa die Aufteilungen der Schüler im Klassenraum, die Einführung von

46 ›Disziplin‹ ist ein mehrdeutiges Wort. Auch die wissenschaftlichen Fachgebiete sind ja ›Disziplinen‹, ebenso die verschiedenen Sportarten bei Wettkämpfen.

Prüfungsverfahren, Rängen und Laufbahnen, die Strukturierung der Zeitnutzungen, die Kontrolle von Körpergesten (wie Stillsitzen, Strammstehen). Das alles hat eine besondere Form der Ökonomie oder Rationalität der Disziplin. Gleichwohl bedeutet dies nicht, dass die Disziplinierung vollständig ist und sein kann. Eher handelt es sich um eine permanente Anstrengung, die immer wieder an den Widerspenstigkeiten der Körper und Subjekte scheitert. Der Maßstab der Disziplinierungen ist die Etablierung der Norm:

> »In den Disziplinen kommt die Macht der Norm zum Durchbruch. [...] Das Normale etabliert sich als Zwangsprinzip [...] Zusammen mit der Überwachung wird am Ende des klassischen Zeitalters die Normalisierung zu einem der großen Machtinstrumente« (FOUCAULT 1977: 237).

So entstehe ein ›System von Normalitätsgraden‹, die beispielsweise über Prüfungsprozeduren die Individuen zu ›Effekten und Objekten von Macht/Wissen‹ machen, sie durch ihre Beobachtung und Prüfungsleistung ›individualisieren‹ als Individuen mit einem ›bestimmten Ergebnis‹, einer ›bestimmten Ausbildung‹, einer individuellen Zeugnisnote, die vor der Normalitätsfolie aller Ergebnisse und Ausbildungen ihren Stellenwert erhält. Das individualisierte Individuum ist in diesem Sinne durch Macht konstituiert.

Ein sexuelles Wesen?

Mit *Der Wille zum Wissen*, dem 1976 erschienenen ersten Band der Reihe *Sexualität und Wahrheit* (dt. 1989a), kündigt Foucault nach der Untersuchung des Wahnsinns, der Krankheit, der Humanwissenschaften und der Strafprozeduren ein neuerliches Feld an, für das er die ›Geschichte der Grenzen‹ in Angriff nehmen will:

> »Auf welchen Wegen und aus welchen Gründen hat sich der Erkenntnisbereich organisiert, den man mit dem relativ neuen Wort ›Sexualität‹ umschreibt? Es handelt sich hier um das Werden eines

Wissens, das wir an seiner Wurzel fassen möchten: in den religiösen Institutionen, in den pädagogischen Maßnahmen, in den medizinischen Praktiken, in den Familienstrukturen, in denen es sich formiert hat, aber auch in den Zwangswirkungen, die es auf die Individuen ausgeübt hat, sobald man sie davon überzeugte, sie hätten in sich selber die geheime und gefährliche Kraft einer ›Sexualität‹ zu entdecken« (FOUCAULT 1989a: 7).[47]

Das Buch unterscheidet sich von den vorangehenden Studien: Es präsentiert keine Untersuchungsergebnisse, sondern skizziert ein Forschungsvorhaben zur Analyse des ›Sexualitätsdispositivs‹, welches an die Vorgehensweisen der Vorläuferstudien anschließen solle. Wie hat sich in den modernen abendländischen Gesellschaften die Erfahrung der Subjekte von ihrer Sexualität herausgebildet und sich bestimmten Regeln und Zwängen unterworfen (FOUCAULT 1989b: 10)? Foucault geht von einer These aus, die sich gegen die damalige prominente ›Repressionshypothese‹ wendet. Letztere war durch Arbeiten von Wilhelm Reich oder Herbert Marcuse im Kontext der Studentenbewegung prominent geworden und lautete dahingehend, der moderne industriegesellschaftliche Kapitalismus beruhe auf einer bürgerlich-viktorianischen Moral, die sich dadurch auszeichne, dass sie die Sexualität der Menschen unterdrücke und nur in reduzierter und funktionaler Form im Rahmen der Ehe zulasse. Eine Befreiung der Lust wäre demnach wesentlicher Bestandteil einer Überwindung kapitalistischer Herrschaft.[48]

Dem hält Foucault entgegen, in den letzten zweihundert Jahren sei Sexualität zwar möglicherweise unterdrückt, aber gleichzeitig keineswegs zu einem Bereich des Schweigens geworden; es habe im Gegenteil von der christlichen Beichtpraxis

47 Foucault behandelt Aspekte dieses Themas auch in *Die Anormalen* (2003x), *Die Macht der Psychiatrie* (2005aa), *Über den Willen zum Wissen* (FOUCAULT 2012) und teilweise auch in *Hermeneutik des Subjekts* (FOUCAULT 2004c).

48 Reich hatte seit Ende der 1920er-Jahre über die ›Funktion des Orgasmus‹ und die ›sexuelle Revolution‹ geschrieben; Marcuse diagnostizierte herrschaftskritische Potenziale einer hedonistisch-sexuellen Befreiung 1955 in seinem Buch über *Eros und Zivilisation* bzw. *Triebstruktur und Gesellschaft* (so der Titel der Neuauflage).

über die medizinische Sexualwissenschaft bis hin zur Psychoanalyse eine ungeheure ›Anreizung‹ zum Sprechen über die Sexualität gegeben. Diese ›Diskursivierung‹ des Sexes gelte es danach zu befragen, wo ihre Ursachen liegen, welche Machtwirkungen und Wissenseffekte damit verbunden sind. Die entsprechende Untersuchung kann sich dann auf die institutionalisierte Produktion von ›Aussagen‹ oder ›Geständnissen‹ der Individuen über die eigene Sexualität beziehen, oder auf die dispositive Erzeugung entsprechenden (sexualmedizinischen) Wissens in unterschiedlichsten institutionellen Kontexten und Praktiken: die ›Hysterisierung des weiblichen Körpers‹, die ›Pädagogisierung des kindlichen Sexes‹, die über staatliche Familien- und Bevölkerungspolitik vorgenommene ›Sozialisierung des Fortpflanzungsverhaltens‹ und die ›Psychiatrisierung der perversen Lust‹. Dies alles sei Bestandteil einer Verschiebung gesellschaftlicher Bedeutung vom ›Allianzdispositiv‹ (Heiratssysteme, die Verbindungen stiften, Beziehungen und Ressourcenverteilungen sichern), zu einem ›Sexualitätsdispositiv‹, das sich auf körperliche Empfindungen, die Qualität der Lüste usw. richte. Foucault entwickelt all dies als Skizze, in der zugleich eine Vielzahl anderer Themen eingeführt wird, darunter insbesondere seine neue Perspektive einer ›Analytik der Macht‹, welche nicht länger das juridische Modell verfolge, sondern Macht als produktive Vielfalt von Kräfteverhältnissen begreife. Ergänzend zur Disziplinarmacht wird das Konzept der ›Bio-Politik der Bevölkerung‹ vorgestellt. Mit ›Bio-Politik‹ bezeichnet Foucault staatliche Maßnahmen, die sich auf Fortpflanzung, Gesundheit, Lebensdauer usw. der Bevölkerungen richten und ihr Ausgangswissen in der Demografie sowie der Konstitution von (statistischen) ›Normen‹ im Sinne von Normalverteilungen für Geburtenraten, Sterberaten usw. finden. Foucault spricht in diesem Zusammenhang von der entstehenden ›Normalisierungsgesellschaft‹ (FOUCAULT 1989a: 172; vgl. LINK 2013). Disziplinarmacht der Körper und Bio-Politik der Bevölkerung bilden die beiden Säulen der ›Bio-Macht‹ in den entstehenden modernen Gesellschaften, die hauptsächlichen Erscheinungsformen ihres

Macht-Wissens-Zugriffs auf die Körper. Zu einer Umsetzung des so angekündigten Forschungsprogramms wird es dann jedoch nicht kommen (zu den Gründen s. S. 144).

Regieren der Bevölkerungen

Schon in *Überwachen und Strafen*, insbesondere dann aber in *Der Wille zum Wissen* hatte Foucault sein neues Machtkonzept vorgestellt (vgl. FOUCAULT 1989a: 101ff.). Seit seiner ersten Vorlesung am *Collège de France* tastete er sich an dieses Thema heran.[49] Die Idee der ›Gouvernementalität‹ liefert die übergreifende Bezeichnung für die damit verbundenen Fragestellungen in den 1970er-Jahren. Foucaults Studien zur Genese und Durchsetzung der neuzeitlichen Form des Nationalstaates münden in diesen diagnostischen Begriff, mit dem er zunächst im Anschluss an überlieferte historische Verwendungen ganz allgemein Arten und Weisen des ›Regierens‹ oder ›Führens‹ anderer bezeichnet. Er diskutiert dann, was die besondere Form der Gouvernementalität im so verstandenen Nationalstaat ausmacht. Später wird er die Perspektive auf die ›Selbstführung‹ der Individuen ausdehnen. Doch zunächst zum ersten Punkt.[50]

Foucault bezieht den Begriff der ›Gouvernementalität‹ und seine Untersuchungen der ›Regierungskunst‹ – nicht: der Regierungspraxis! – auf das, was er ›Bio-Politik‹ nennt (vgl. FOUCAULT 2004a und insbes. FOUCAULT 2004b: 435ff.). Im Kern geht es hier darum, wie die Idee der Herrschaft eines Souveräns über ein Territorium durch die Konzeption eines anonymen Staates ersetzt wird, der einer eigenen Rationalität – der

49 Vgl. dazu sowie zum ›Regieren der Bevölkerungen‹ insbesondere die Vorlesungen *Geschichte der Gouvernementalität I: Sicherheit, Territorium, Bevölkerung* (FOUCAULT 2004a), *Geschichte der Gouvernementalität II: Geburt der Biopolitik* (FOUCAULT 2004b), *In Verteidigung der Gesellschaft* (FOUCAULT 1999) und *Die Regierung der Lebenden* (FOUCAULT 2020).

50 Vergleiche zum Begriff der Gouvernementalität auch die Erläuterungen weiter oben (Seite 106ff.).

›Staatsräson‹ – bedarf. Dieser Staat stützt sich zur Förderung seines eigenen ›Wohles‹ auf die Kontrolle und Umhegung der Bevölkerung. Er setzt die institutionelle Gestalt eines Sicherheitsdispositivs ein, um das notwendige Wissen zusammenzutragen und die Bevölkerung zu leiten:

> »Die Souveränität richtet sich auf die Grenzen eines Territoriums, die Disziplin richtet sich auf die Körper der Individuen und die Sicherheit schließlich richtet sich auf die Gesamtheit einer Bevölkerung« (FOUCAULT 2004a: 27).[51]

All die damit nur angedeuteten Entwicklungen fasst Foucault als ›Gouvernementalisierung‹ zusammen, durch die der mittelalterliche Staat zum modernen Verwaltungsstaat wurde. Dieser gouvernementalisierte Staat ist dann nichts anderes als ein Effekt all der unterschiedlichen Weisen des neuzeitlichen Regierens (vgl. FOUCAULT 2005x).

Dazu ist ein neues, in weiten Teilen demografisches und statistisches Wissen notwendig, das ›Normalverteilungen‹ zum Gegenstand hat: normale Kriminalitätsraten, normale Krankenstände, normale Geburtenraten, normale Familienraten usw. sowie entsprechend umformuliert die ›Risiken‹, die sich daraus ableiten lassen, wie z. B. das (unterschiedliche) Sterberisiko für Männer mittleren Alters in gehobener oder in niedriger Position. Der Aufbau der staatlichen Verwaltungsapparate orientiert sich daran, welcher Aufwand an Intervention und Bekämpfungen vertretbar ist, welcher Normalitätskorridor der Statistiken als Normalzustand bestimmt werden kann. In Foucaults Worten handelt es sich dabei um das ›Sicherheitsdispositiv‹.[52]

Im modernen Staat stellt sich die Aufgabe, die ›Regierung der Menschen‹ sicherzustellen. Nach Foucault wird dies ermöglicht durch einen Machttyp – ›das Lenken und Regieren

51 ›Securité‹, Sicherheit, ist auch im französischen Begriff für die Sozialversicherung (›sécurité sociale‹) enthalten.

52 An solche Überlegungen schließt die Theorie der ›Normalisierung‹ von Jürgen Link (2013) an.

der Seelen‹ –, der sein Vorbild im Christentum findet, in der Idee des Pastors als eines ›Hirten der Gemeinde‹:

> »Die Macht des Hirten erstreckt sich weniger auf ein festgelegtes Territorium als auf eine Menschengruppe, die sich auf ein Ziel hin bewegt. Er hat die Aufgabe, das Überleben seiner Herde zu sichern, tagtäglich über sie zu wachen und für ihr Heil zu sorgen. Und schließlich handelt es sich um eine Macht, die eine Individualisierung vornimmt und in einem zutiefst paradoxen Vorgang dem einzelnen Lamm ebenso großen Wert beimißt wie der ganzen Herde« (FOUCAULT 2004a: 521).

Foucault nennt diesen Machttyp das ›Pastorat‹ (ebd.: 185ff.) und gibt ihm zumindest an dieser Stelle eine weitreichende Bedeutung: »Es ist also die gesamte Geschichte der menschlichen Individualisierungsprozeduren im Abendland, die durch die Geschichte des Pastorats in Gang gesetzt wird. Sagen wir weiter, daß es sich um die Geschichte des Subjekts handelt« (ebd.: 268). Im Pastorat geht es um vielfältige Techniken der ›Seelenführung‹, die auch Widerstände und Absetzbewegungen hervorrufen.

Im 16. Jahrhundert kommt es zu zahlreichen Reflexionen über das Thema der Verhaltensführung und die Rolle des Souveräns. Übersetzt in die ›Staatsräson‹ (ebd.: 348ff.) wird das Wohl des Staates nach außen hin durch ›diplomatisch-militärische Technologien‹ verfolgt. Im Inneren kümmert sich die ›Polizey‹ um diese Aufgabe. Dieser Begriff bezeichnet all die Mittel, die den ›Glanz‹ und die ›Kräfte‹ des Staates stärken sowie seine Ordnung erhalten (vgl. ebd.: 449ff.). Die ›Polizey‹ stellt permanent Mängel des ›Regierens‹ fest und ist bestrebt, es zur Optimierung der Staatsräson auszuweiten (FOUCAULT 2004b: 437). Doch es gibt auch Gegenbewegungen. Zur neuen Staatskunst gehören nach und nach Theorien über die Verknüpfung der Erzeugung des Reichtums mit der Umhegung der Bevölkerung. Dafür liefert die ›Politische Ökonomie‹ das entsprechende Wissen. Die Politik der Bevölkerung, d.h. die Frage nach dem Ob, Wie und Wie viel des staatlichen Eingreifens in gesellschaftliche Prozesse wird zum Schlüssel der Förderung des

Reichtums. Hier setzen Forderungen nach einer Reduzierung des ›Regierens‹ an. Denn die Politische Ökonomie entwickelt ein Wissen darüber, wie Prozesse verlaufen, wenn nicht interveniert wird, was also gewissermaßen die »Natur« der ökonomischen Prozesse ist. Das Modell des freien Marktes liefert das Vorbild und wird zum Maßstab gesellschaftlicher Entwicklungen überhaupt – die ›Gesellschaft‹ erscheint als neuer Ort natürlicher Prozesse und Verläufe auf der Tagesordnung.

Der ›Liberalismus‹ formuliert eine Kritik der Staatsräson dadurch, dass er die Natur und Rationalität solcher selbstläufigen Prozesse in den Vordergrund rückt, wie sie sich aus dem »freien Handeln« der Menschen (auf den Märkten, durch deren ›unsichtbare Hand‹) ergeben. Er konstituiert damit einen modernen Unterschied von Staat und Gesellschaft bzw. gesellschaftlichen Prozessen. Als Regierungstechnik zielt die ›liberale Gouvernementalität‹ auf die Begrenzung der Staatstätigkeit im Namen der bürgerlichen Gesellschaft:

> »Die Rationalisierungspraxis in Begriffen der Staatsräson implizierte deren Maximierung unter der Bedingung des Optimums, insofern sie die Existenz des Staates unmittelbar der Ausübung der Regierung voraussetzt. Das liberale Denken geht nicht von der Existenz des Staates aus, um dann im Regieren das Mittel zur Erreichung des Zwecks zu sehen, den er für sich selbst verkörpert. Es geht vielmehr von der Gesellschaft aus, die sich in einem komplexen Exterioritäts- und Interioritätsverhältnis zum Staat befindet. Sie ist es, die es als Bedingung und Endzweck zugleich möglich macht, nicht mehr die Frage zu stellen: Wie kann man am meisten und zu den geringsten Kosten regieren? Sondern vielmehr die Frage: Warum muß man regieren? [...] Anstatt aus der Unterscheidung von Staat und Zivilgesellschaft eine historische und politische Universalie zu machen, die es gestattet, alle konkreten Systeme zu untersuchen, kann man versuchen, in ihr eine Form der Schematisierung zu sehen, die einer spezifischen Technologie der Regierung zueigen ist« (FOUCAULT 2004b: 437f.).

Entsprechend entwickeln sich die Diskussionen über die Grenzen, Möglichkeiten und Notwendigkeiten der staatlichen

Intervention. Foucault diskutiert hier insbesondere den deutschen Ordoliberalismus in den Jahren 1948-1962, in dem die Grundlagen der sozialen Marktwirtschaft gelegt wurden, sowie den US-amerikanischen Neoliberalismus der ökonomischen Chicago-Schule (FOUCAULT 2004b: 112ff.). Im Kontext dieses Letzteren wird eine neue Vorstellung des natürlichen Subjekts konstituiert, diejenige des interessegeleiteten, nutzenmaximierenden ›Homo oeconomicus‹ (ebd.: 367ff.), der Grundgarant der Rationalität ökonomischer Prozesse. Die ökonomische Analyse beansprucht damit Geltung für alle Felder der menschlichen Praxis; sie findet überall die sich einstellende ›natürliche Ordnung‹ des Marktes – allerdings nur, wenn kein verzerrender politischer Einfluss in Erscheinung tritt: »Der *Homo oeconomicus* ist, vom Standpunkt einer Theorie der Regierung aus gesehen, derjenige Mensch, den man nicht anrühren soll« (ebd.: 371). Was dann nur noch bleibt, ist die Beeinflussung der Umgebungen, d.h. der Elemente, die das Nutzenkalkül leiten.

Technologien des Selbst

Mit den ›Technologien des Selbst‹ (FOUCAULT 2005p) ist ein letzter Komplex von Vorlesungen und Studien – *Der Gebrauch der Lüste, Die Sorge um sich* – angesprochen, in denen Foucault sich in den Jahren bis zu seinem Tod mit der historischen Selbst-Konstitution der Subjekte beschäftigte (vgl. FOUCAULT 2005y).[53] Foucault bleibt damit im Rahmen der Untersuchungen zur Gouvernementalität, gibt diesen jedoch eine deutliche Wendung:

53 Ergänzend zu *Der Gebrauch der Lüste* (FOUCAULT 1989a) und *Die Sorge um sich* (FOUCAULT 1989b) sind das insbesondere die Vorlesungen *Hermeneutik des Subjekts* (FOUCAULT 2004c), *Die Regierung des Selbst und der anderen* (FOUCAULT 2009a), *Der Mut zur Wahrheit – Die Regierung des Selbst und der anderen II* (FOUCAULT 2010) sowie *Subjektivität und Wahrheit* (FOUCAULT 2016). Inzwischen ist posthum auch der nicht ganz fertig gestellte Band 4 von *Sexualität und Wahrheit* erschienen: *Die Geständnisse des Fleisches* (FOUCAULT 2019).

»Ich will folgendes sagen: Nehmen wir die Frage der Macht, der politischen Macht, und stellen sie in den allgemeineren Zusammenhang der Frage der Gouvernementalität [...], dann glaube ich, daß das Nachdenken über den Begriff der Gouvernementalität theoretisch und praktisch nicht um ein Subjekt herumkommt, das sich durch seine Beziehung zu sich selbst definiert. [...] so scheint mir, daß der Analyse der Gouvernementalität [...] eine Ethik zugrunde liegen muß, die durch die Beziehung seiner selbst zu sich definiert ist« (FOUCAULT 2004a: 313f.).

Standen bislang die äußerlichen Subjektivierungsweisen im Vordergrund, d.h. die Art und Weise, wie das Macht-Wissensgeflecht aus Diskursen und institutionellen Praktiken auf die Individuen zugegriffen hatte, so geht es nunmehr um die ›Selbstführung‹ der Individuen, d.h. darum, wie sie sich im Rückgriff auf verfügbare kulturelle Modelle reflexiv auf ihr eigenes Verhalten beziehen und Maximen der ›richtigen‹ oder ›angemessenen‹ Lebensführung folgen, sich selbst ›subjektivieren‹. Dafür unerlässlich ist ein in Techniken der Selbstbeobachtung gegründetes Wissen um das, was man ist.

Obwohl *Der Gebrauch der Lüste* und *Die Sorge um sich* als Bände zwei und drei der Reihe *Sexualität und Wahrheit* 1984 erscheinen, setzen sie nicht das Programm um, das er acht Jahre zuvor angekündigt hatte. Ein vierter Band über *Die Geständnisse des Fleisches,* der die ›christliche Pastorale‹ untersuchen sollte, war schon geschrieben, aber Foucault verbot die Veröffentlichung, da der Band nur posthum hätte erscheinen können – ein Verbot, über das sich die Nachlassverwalter Jahrzehnte später doch hinwegsetzten (FOUCAULT 2019). Schon der lange Zeitraum zwischen den Veröffentlichungen deutet an, dass wohl ein Problem vorlag. In Interviews erläuterte Foucault, das angekündigte Thema hätte ihn gelangweilt und sich auch nicht in der angedachten Form umsetzen lassen. Am Anfang von *Der Gebrauch der Lüste* gibt er eine zusätzliche Erklärung. Sein Vorhaben habe nicht bei der Sexualität verbleiben können, sondern eine Genealogie des Begehrens notwendig gemacht, d.h. eine Untersuchung der Praktiken, durch welche die Individuen sich selbst »als Begehrenssubjekte zu entziffern« hatten, um eine angemessene Umgangsweise damit zu finden. Dies habe ihn schließlich zur Analyse der »Selbsthermeneutik in der Antike« geführt, d.h. zur Untersuchung der Art und Weise, wie sich Individuen über sich selbst Klarheit verschafften (FOUCAULT 1989b: 13).

Foucault verlässt seine vertrauten Untersuchungsepochen und begibt sich auf neues Terrain, in die antike griechische und römische Philosophie und Literatur, die er analysiert und kommentiert. Auch deswegen unterscheiden sich diese Texte von den früheren Arbeiten:

> »Die Frage, die als Leitfaden dienen sollte, schien mir also folgende zu sein: wie, warum und in welcher Form ist die sexuelle Aktivität als moralischer Bereich konstituiert worden? [...] Warum diese ›Problematisierung‹?« (FOUCAULT 1989b: 17).

Das sei der erste Teil einer Geschichte der ›Selbsttechniken‹ oder der ›Künste der Existenz‹, d.h. der von Individuen selbst verfolgten Arten und Weisen, ihr Verhalten nach verschiedenen Kriterien zu formen, zu stilisieren, ihr Leben in ein ›gelungenes‹ Leben zu transformieren:

> »Darunter sind gewußte und gewollte Praktiken zu verstehen, mit denen sich die Menschen nicht nur die Regeln ihres Verhaltens festlegen, sondern sich selber zu transformieren, sich in ihrem besonderen Sein zu modifizieren und aus ihrem Leben ein Werk zu machen suchen, das gewisse ästhetische Werte trägt und gewissen Stilkriterien entspricht. [...] Und jetzt möchte ich zeigen, wie in der Antike die sexuellen Tätigkeiten und Genüsse im Rahmen von Selbstpraktiken problematisiert worden sind, die den Kriterien einer ›Ästhetik der Existenz‹ folgen« (FOUCAULT 1989b: 18f.).

Die damit anvisierte Form der Selbstführung mündet in eine Analyse der Formen der »moralischen Subjektivierung und der dazu bestimmten Selbstpraktiken« (ebd.: 41).

Im Durchgang durch die Geschichte des Christentums hatte Foucault konstatiert, dass Letzteres mit seiner Beichtpraxis und den dadurch induzierten Selbstbeobachtungen sowie Aussageformen keineswegs die erste Form der Selbsttechnologien in Gang gesetzt hatte. Abhandlungen über Ängste vor männlichem Samenverlust, Häufigkeiten und Praktiken des Geschlechtsverkehrs, Verurteilungen der Homosexualität, die Betonung der Enthaltsamkeit als Schlüssel zur Weisheit und dergleichen mehr gab es bereits bei den alten Griechen. So lassen sich entsprechende Techniken schon in der antiken, praxisorientierten Ratgeberliteratur nachzeichnen. Auch Max Webers *Protestantische Ethik* (WEBER 2007) ist mit dem Konzept der methodischen Lebensführung und der Analyse einschlägiger Verhaltensratgeber von einem solchen Ansatz nicht weit entfernt. Dies sieht auch Foucault, wenn er seine Forschungsinteressen in Bezug auf Weber verortet:

> »Max Weber hat gefragt: Wenn man sich rational verhalten und das eigene Handeln an Prinzipien der Wahrheit ausrichten möchte, auf welchen Teil des Selbst muss man dann verzichten? Worin besteht der asketische Preis der Vernunft? Welcher Art von Askese sollte man sich zuwenden? Ich habe die gegenteilige Frage gestellt: Was muss man über sich selbst wissen, wenn man bereit sein soll, auf irgendetwas zu verzichten?« (2005p: 967, vgl. auch FOUCAULT 2005n: 876).

In *Der Gebrauch der Lüste* analysiert Foucault die Problematisierung sexueller Aktivitäten im klassischen Griechenland des 4. Jahrhunderts vor Christi Geburt; *Die Sorge um sich* setzt die Erkundungen fort anhand griechischer und lateinischer Quellen im ersten und zweiten Jahrhundert unserer Zeitrechnung. Dies kann hier nicht detailliert nachgezeichnet werden. Bezogen auf das 4. Jh. v. Chr. diskutiert Foucault die moralische Problematisierung der Praktiken, Häufigkeiten und Formen sexueller Begegnungen, die Regieanweisungen einer ›Diätetik‹ und ›Ökonomik‹ der Lüste sowie die Empfehlungen zu homosexuellen Beziehungen, schließlich die Frage nach dem Wesen und der ›Wahrheit‹ der Liebe. Überall steht das Thema der Selbstkontrolle und Mäßigung ›freier Männer‹ im Vordergrund. Ähnliche Themen finden sich auch in der späteren griechischen und lateinischen Literatur. Foucault erörtert die damaligen Formen der Deutung sexueller Träume, Ratgeber zur gesellschaftlichen Praxis der ›Sorge um sich‹, der Erzielung guter Ehebeziehungen und angemessenen politischen Handelns, der verantwortlichen Fürsorge für die Gesundheit des eigenen Körpers und zum Umgang mit den ›Knaben‹. Er konstatiert eine zunehmend strenge Moralreflexion über

> »die sexuelle Aktivität und ihre Lüste [...]. Ärzte beunruhigen sich über die Wirkungen der sexuellen Praktik, empfehlen gern die Enthaltung und erklären, dem Genuß der Lüste die Jungfräulichkeit vorzuziehen. Philosophen verurteilen jede außereheliche Beziehung und schreiben strenge und ausnahmslose Treue zwischen den Gatten vor. [...] [Daran] läßt sich die Entwicklung einer von der Sorge um sich beherrschten Kunst der Existenz ablesen. [Diese ›Selbstkunst‹ betone zunehmend; Anm. RK] die Anfälligkeit des Individuums gegenüber den diversen Übeln, welche die sexuelle Aktivität hervorrufen kann; sie unterstreicht auch die Notwendigkeit, diese in eine allgemeine und bindende Form zu bringen, die für alle Menschen zugleich natürlich und vernünftig begründet ist« (FOUCAULT 1989c: 301ff.).

Wie kann man eine entsprechende Souveränität über sich erlangen? Welche Wege der Selbsterkenntnis müssen dazu beschritten werden, welche Techniken sind verfügbar? Lassen sich im Rückgang auf die antiken Texte Hilfen für die Entwicklung einer heutigen ›Ethik und Ästhetik der Existenz‹, ein nach allgemeinen Kriterien vertretbares ›Ethos der Lebensführung‹ und damit die Bedingungen einer zeitgenössischen ›Praxis der Freiheit‹ finden? Das sind die nunmehr doch sehr philosophischen Fragen, die Foucault in seinen letzten Texten aufwirft, ohne sie noch beantworten zu können (vgl. z. B. FOUCAULT 1996a, 2004c; 2005n, o, p, q, r, s, t, u, v, w; 2008). Der posthum erschienene Band über die *Geständnisse des Fleisches* (FOUCAULT 2019) analysiert frühchristliche Kirchenschriften und deren Behandlung der Themen Lust, Begehren, Moral, Zügelung, Sünde usw. Die Institutionen der christlichen Kirche bringen ganz neue Formen der Regulierungspraxis hervor, etwa die Beichte oder das Gelübde, die bis in unsere Gegenwart hinein die westlichen Diskussionen über Sexualmoral durchziehen.

VI. Die Aktualität Foucaults

> »Ich bin sehr stolz darauf, dass manche Leute glauben, ich sei eine Gefahr für die geistige ›Gesundheit‹ der Studenten. Wenn Menschen anfangen, bei geistigen Aktivitäten über Gesundheit nachzudenken, dann ist etwas faul. In ihren Augen bin ich eine Infektionsquelle: ein Kryptomarxist, ein Irrationalist oder ein Nihilist« (FOUCAULT 2005e: 963).

Der ›gefährliche‹ »Planet Foucault« (Paul Veyne) hat seit den 1960er-Jahren und vielleicht mehr noch nach Foucaults Tod im Jahre 1984 bis heute eine unglaubliche und ungebrochene Ausstrahlungs- und Anziehungskraft in den Sozial- und Geisteswissenschaften entwickelt. Er ist zweifellos in die vordere Reihe der Klassiker gerückt – als allgemeiner Klassiker des Denkens, der keiner Disziplin eindeutig zugeordnet werden kann und muss, sondern sein Anregungspotenzial in den unterschiedlichsten Wissensgebieten entfaltet. Sie reichen von aktuellen philosophischen und geschichtswissenschaftlichen Forschungen, der feministischen Theoriebildung und der Geschlechterforschung über die *Science*, *Cultural* und *Postcolonial Studies* bis hin zur Anthropologie, Pädagogik, Politikwissenschaft, Soziologie u.a. mehr. Zu den aktivsten Nutzungsfeldern Foucault'scher Denkwerkzeuge gehören die sozialwissenschaftliche Diskursforschung und die Gouvernementalitätsstudien sowie eine ungeheure Breite von kritischen Wissensanalysen in unterschiedlichsten Disziplinen, einschließlich unterschiedlichster Varianten kritischer Forchungen zu Medizin und Gesundheit, zur institutionellen Gestalt gegenwärtiger Umweltpolitiken, zur (interpretativen) Subjektivierungsforschung sowie zu Fragen der institutionenenbezogenen Rassismus- oder allgemeiner Diskriminierungsforschung – um hier nur ein paar willkürlich herausgegriffene Felder zu nennen. Darauf näher einzugehen, würde den Rahmen einer Einführung sprengen. In all diesen Zusammenhängen sind auch heftige Kritiken an seinen Arbeiten zu finden, etwa in der feministischen und desowie postkolonialen Diskussion, sowie zuletzt insbesondere im Neuen Materialismus (vor allem bei Karen Barad; vgl. dazu die Diskussion bei LEMKE 2021).[54] Insofern hat er gewiss einiges von dem erreicht, was ihm vorschwebte. Weltweit bezeugen unzählige Konferenzen, die Online-Zeitschrift *Foucault Studies* sowie Internetressourcen (etwa www.michel-foucault.com, https://centremichelfoucault.com/, https://www.foucault.info/) die lebendige Gegenwart seines Denkens.[55]

Foucaults enormer Erfolg rührt zum einen wohl daher, dass er mit seinen Fragestellungen in gebündelter und zugleich enorm breiter Weise die zentralen institutionellen Kernthemen unserer Gegenwartsgesellschaft angesprochen und sie einer empirisch-historischen Analyse zugänglich gemacht hat: Normalität, Gesundheit, Sexualität, Staatlichkeit, Macht, Wissen, usw.,

54 Vgl. zur Diskursforschung insbesondere die Entwicklungen im deutschsprachigen Raum: Angermüller et al. (2014), Bublitz et al. (1999), Keller (1997, 2011a, 2011b); Bührmann et al. (2007), Keller et al. (2010, 2011), Keller, Schneider und Viehöver (2012), Viehöver, Keller und Schneider (2013); zur Gouvernementalitätsforschung Bröckling, Krasmann und Lemke (2000), Burchell, Gordon und Miller (1991), Dean (2009), Lemke (2000, 2010), Rose (1989, 2006). Angermüller/Van Dyk (2010). Vgl. zur Einbindung Foucault'scher Konzepte in den soziologischen Ansatz der Grounded Theory Clarke (2012) sowie Clarke, Friese und Washburn (2017), zur Idee einer zeitgenössischen Anthropologie im Anschluss an Foucault insbesondere die letzten Arbeiten von Paul Rabinow und Anthony Stavrianakis (zum Einstieg: RABINOW/KELLER 2016); zu aktuellen Vorschlägen von Machtanalysen in kritischer Auseinandersetzung mit dem Neuen Materialismus Lemke (2021), zum Vorschlag eines Konzeptes der »Positionierungsmacht« (KELLER 2019b sowie KELLER/BLESSINGER 2023), zur Subjektivierungsforschung Bosančić et al. (2022), zur Dispositivforschung z.B. Keller (2019a), Bührmann und Schneider (2012), Diaz-Bone und Hartz (2023). Zur ›Foucaultschen‹ Diskursanalyse und sozialer Ungleichheit Diaz-Bone (2018), zur Debatte mit der Konventionenökonomie Diaz-Bone (2019).

55 Vgl. dazu auch die weiteren Hinweise im Vorwort zur zweiten Auflage dieses Buches.

wobei der Zusammenhalt über die Frage nach dem Verhältnis von Subjekt, Macht und Wissen hergestellt wird. Der Erfolg rührt aber vielleicht mehr noch aus dem, was ihm die Kritik vorwarf: ein schwer zu fassender und unkonventioneller Denker zu sein, der sich wenig um disziplinäre Zuständigkeiten und Rituale, konsistente Theorien und allseitige methodische Absicherung seiner Aussagen bemühe – und dies mit einem provokativen Gestus, der die Detailanalyse mit ›großformatigen‹ Fragestellungen verbinde. Es ist die von ihm verkörperte und mit seinen Denkwerkzeugen verbundene ›Lust und Wut des Denkens‹, die nach wie vor dazu anstachelt, auf der Grundlage empirischer Beobachtungen neue Denkexperimente einzugehen, Evidenzen des Sozialen aufzubrechen und andere Lesarten zu entwerfen. Dieser anregende Gestus einer analytischen ›Experimentalität‹ (vgl. BETZ/HALATCHEVA-TRAPP/KELLER 2021) geht einher mit der wiederholten Aufforderung an seine Leserschaft, ›selber zu denken‹ – also nicht seine Konzepte nachzubeten, sondern eigene Begriffe entlang eigener Forschungsinteressen und Untersuchungen zu entwickeln.

Dies gilt ganz und gar auch für seine Stellung innerhalb der ›Wissenssoziologie‹, ein Etikett, das er ebenso als Zumutung abgelehnt hätte wie die meisten anderen Zuordnungen, die ihm angetragen wurden. Foucault lässt sich gewiss keiner der kanonisierten wissenssoziologischen Paradigmen zuordnen. Das Spezifische seiner Vorgehensweisen, das, was sie nach wie vor zu einer Herausforderung und Anregung für die gegenwärtigen Wissenssoziologien macht, besteht in seiner Weigerung, Wissensanalysen auf ›Wissen‹ im Sinne internalisierter Wissensvorräte oder objektivierter Wissensbestände zu reduzieren und stattdessen gesellschaftlich-historische Praxisfelder nach den Diskursen und Praktiken von Macht/Wissen zu befragen: »Wie konnten sich auf der Basis sozialer Praktiken Wissensbereiche herausbilden?« (FOUCAULT 2002f: 670ff.). Jenseits der klassischen Ideologieanalyse zielt dieses Programm auf die unermüdliche und immer neu zu betreibende wissenschaftlich-intellektuelle Befragung von Selbstverständlichkeiten und Gewissheiten des gesellschaftlichen (und auch wissenschaftlichen) Wissens und Handelns. Eine durch Foucault inspirierte Wissenssoziologie erfordert umfassende Erkundungen des Zusammenwirkens von Diskursen und Dispositiven, Praktiken und Materialitäten, Sagbarem und Sichtbarem. Dazu lässt sich sein Werkzeugkasten nutzen, auch und gerade in dem Bemühen, neue Perspektiven und Vorgehensweisen zu erschließen, sich also von dem »Zwang« zu befreien, alles ›wie er‹ zu machen.[56]

In einer seiner letzten Vorlesungen hatte Foucault sein Programm erneut zusammengefasst und erklärt, es gehe ihm um die Untersuchung von Wissensformen, die Matrix und Normen des Verhaltens sowie um die Konstitution der Seinsweisen des Subjekts: Sein Ziel sei es,

> »eine Geschichte des Denkens zu schreiben. Und mit ›Denken‹ meinte ich eine Analyse dessen, was man die Brennpunkte der Erfahrung nennen könnte, an denen sich die einen gegenüber den anderen artikulieren: An erster Stelle stehen hier die Formen eines möglichen Wissens; zweitens die normativen Verhaltensmatrizen der Individuen; und schließlich virtuelle Existenzmodi für mögliche Subjekte. Diese drei Elemente – Formen des möglichen Wissens, normative Verhaltensmatrizen, virtuelle Existenzmodi möglicher Subjekte –, das sind die drei Dinge oder vielmehr ist es die Gliederung dieser drei Dinge, die man ›Brennpunkte der Erfahrung‹ nennen kann. [...] Die Ersetzung der Geschichte der Wissensformen durch die historische Analyse der Formen der Veridiktion, die Ersetzung der Geschichte der Herrschaft durch die historische Analyse der Verfahren der Gouvernementalität, die Ersetzung der Theorie des Subjekts oder die Geschichte der Subjektivität durch die historische Analyse der Pragmatik des Selbst und der Formen, die diese angenommen hat, das sind die verschiedenen Zugangswege, auf denen ich versucht habe, die Möglichkeit einer Geschichte dessen näher zu bestimmen, was man ›Erfahrungen‹ nennen

56 Vgl. Clarke (2012), Clarke et al. (2017), Keller (2011b), Kendall und Wickham (1999).

könnte. Erfahrung des Wahnsinns, Erfahrung der Krankheit, Erfahrung der Kriminalität und Erfahrung der Sexualität, das sind Brennpunkte von Erfahrungen, die, so scheint mir, in unserer Kultur wichtig sind. Das ist also, wenn Sie so wollen, der Weg, den ich zu verfolgen versucht habe und den ich Ihnen ehrlicherweise zu rekonstruieren hatte, und sei es nur, um Rechenschaft abzulegen« (FOUCAULT 2019: 15f.).

Foucault begründet so den originellen Ansatz einer wissenssoziologisch nutzbaren historischen und empirischen Wissensanalyse der Verflechtung von Wissen und Macht, von diskursiven und nichtdiskursiven Praktiken, Diskursen, Dispositiven und Institutionen. Er hatte dieses Vorgehen auf die Untersuchung der gesellschaftlichen Konstitution moderner Subjektverhältnisse justiert, also auf die Frage: ›Was sind wir heute für Menschen?‹

Ist es nicht an der Zeit, diese Justierung zu ergänzen, zu erweitern und seinen Ansatz in einen fruchtbaren Dialog mit anderen Spielarten der Wissenssoziologie zu bringen? »Der Philosoph Foucault spricht. Denken Sie« (FOUCAULT 2002c: 527).

VII. Literatur

Primärliteratur

Bücher

FOUCAULT, MICHEL (1970): *Psychologie und Geisteskrankheit.* 3. Aufl. Frankfurt/M.: Suhrkamp [1954, die gekürzte Übersetzung folgt der veränderten Neuausgabe von 1962]

FOUCAULT, MICHEL (1973): *Wahnsinn und Gesellschaft. Eine Geschichte des Wahns im Zeitalter der Vernunft.* Frankfurt/M.: Suhrkamp [1961]

FOUCAULT, MICHEL (1974a): *Die Ordnung der Dinge. Eine Archäologie der Humanwissenschaften.* Frankfurt/M.: Suhrkamp [1966]

FOUCAULT, MICHEL (1974b): *Die Ordnung des Diskurses.* München: Hanser [1972]

FOUCAULT, MICHEL (1976): *Die Geburt der Klinik. Eine Archäologie des ärztlichen Blicks.* Frankfurt/M.: Ullstein [1963/1972]

FOUCAULT, MICHEL (1977): *Überwachen und Strafen. Die Geburt des Gefängnisses.* Frankfurt/M.: Suhrkamp [1975]

FOUCAULT, MICHEL (1988a): *Archäologie des Wissens.* Frankfurt/M.: Suhrkamp [1969]

FOUCAULT, MICHEL (1989): *Raymond Roussel.* Frankfurt/M.: Suhrkamp [1963]

FOUCAULT, MICHEL (1989a): *Der Wille zum Wissen. Sexualität und Wahrheit. Band 1.* Frankfurt/M.: Suhrkamp [1976]

FOUCAULT, MICHEL (1989b): *Der Gebrauch der Lüste. Sexualität und Wahrheit. Band 2*. Frankfurt/M.: Suhrkamp [1984]

FOUCAULT, MICHEL (1989c): *Die Sorge um sich. Sexualität und Wahrheit. Band 3*. Frankfurt/M.: Suhrkamp [1984]

FOUCAULT, MICHEL (2019): *Die Geständnisse des Fleisches. Sexualität und Wahrheit*. Band 4 (posthum). Frankfurt/M.: Suhrkamp [2018/1982-1984]

Herausgeberbände

FOUCAULT, MICHEL (1975): *Der Fall Rivière. Materialien zum Verhältnis von Psychiatrie und Strafjustiz*. Frankfurt/M.: Suhrkamp [1973]

FOUCAULT, MICHEL; BLANDINE BARRET KRIEGEL; ANNE THALAMY; FRANÇOIS BÉGUIN ; BRUNO FORTIER (Hrsg.) (1979): *Les Machines à Guérir, Aux origines de l'hôpital moderne*. Bruxelles: Pierre Mardaga [1976]

FARGE, ARLETTE; MICHEL FOUCAULT (1989): *Familiäre Konflikte. Die »lettres de cachet«. Aus den Archiven der Bastille im 18. Jahrhundert*. Frankfurt/M.: Suhrkamp [1982]

FOUCAULT, MICHEL; HERCULINE BARBIN (1998): *Über Hermaphrodismus. Der Fall Barbin*. Frankfurt/M.: Suhrkamp [1978]

Vorlesungen am Collège de France

FOUCAULT, MICHEL (1999): *In Verteidigung der Gesellschaft. Vorlesungen am Collège de France (1975-1976)*. Frankfurt/M. 1999: Suhrkamp [1996]

FOUCAULT, MICHEL (2003x): *Die Anormalen. Vorlesungen am Collège de France (1974-1975)*. Frankfurt/M.: Suhrkamp [1999]

FOUCAULT, MICHEL (2004a): *Geschichte der Gouvernementalität I. Sicherheit, Territorium, Bevölkerung, Vorlesungen am Collège de France (1977-1978)*. Frankfurt/M.: Suhrkamp [2004]

FOUCAULT, MICHEL (2004b): *Geschichte der Gouvernementalität II. Geburt der Biopolitik. Vorlesungen am Collège de France (1978-1979).* Frankfurt/M.: Suhrkamp [2004]
FOUCAULT, MICHEL (2004c): *Hermeneutik des Subjekts. Vorlesungen am Collège de France (1981-1982).* Frankfurt/M.: Suhrkamp [2001]
FOUCAULT, MICHEL (2005aa): *Die Macht der Psychiatrie. Vorlesung am Collège de France (1973-1974).* Frankfurt/M.: Suhrkamp [2003]
FOUCAULT, MICHEL (2019): *Die Regierung des Selbst und der anderen. Vorlesungen am Collège de France 1982/83.* Berlin: Suhrkamp [2008]
FOUCAULT, MICHEL (2010): *Der Mut zur Wahrheit – Die Regierung des Selbst und der anderen II: Vorlesungen am Collège de France 1983/84.* Berlin: Suhrkamp [2009]
FOUCAULT, MICHEL (2012): *Über den Willen zum Wissen. Vorlesungen am Collège de France 1970/71.* Berlin: Suhrkamp Verlag [2011]
FOUCAULT, MICHEL (2016): *Subjektivität und Wahrheit. Vorlesungen am Collège de France 1980-1981.* Berlin: Suhrkamp Verlag [2014]
FOUCAULT, MICHEL (2017): *Theorien und Institutionen der Strafe. Vorlesungen am Collège de France 1971/72.* Berlin: Suhrkamp Verlag [2015]
FOUCAULT, MICHEL (2020): *Die Regierung der Lebenden. Vorlesungen am Collège de France 1979-1980.* Berlin: Suhrkamp Verlag [2012]
FOUCAULT, MICHEL (2021): *Die Strafgesellschaft. Vorlesungen am Collège de France 1972-73.* Berlin: Suhrkamp [2013]
FOUCAULT, MICHEL (2022): *La Question anthropologique: Cours, 1954-1955.* Paris : Seuil [Die Frage der Anthropologie]
Foucault hat zu seinen Vorlesungen Zusammenfassungen fur die Jahrbücher des *Collège* verfasst, die in den betreffenden Ausgaben der Schriften (*Dits et écrits*) enthalten sind.

Aufsätze, Interviews, Vorträge

FOUCAULT, MICHEL (1978): Wahrheit und Macht. In: FOUCAULT, MICHEL: *Dispositive der Macht. Über Sexualität, Wissen und Wahrheit.* Berlin: Merve, S. 21-54 [auch FOUCAULT 2003d]

FOUCAULT, MICHEL (1987a): Warum ich die Macht untersuche: Die Frage des Subjekts. In: DREYFUS, HUBERT L.; RABINOW, PAUL: *Michel Foucault. Jenseits von Strukturalismus und Hermeneutik.* Frankfurt/M.: athenäum, S. 243-250 [1982]

FOUCAULT, MICHEL (1987b): Wie wird Macht ausgeübt? In: DREYFUS, HUBERT L.; RABINOW, PAUL: *Michel Foucault. Jenseits von Strukturalismus und Hermeneutik.* Frankfurt/M.: athenäum, S. 251-264 [1982]

FOUCAULT, MICHEL (1988b): *Das Wahrsprechen des Anderen. Zwei Vorlesungen von 1983/84.* Frankfurt/M.: Materialis

FOUCAULT, MICHEL (1992): *Was ist Kritik?* Berlin: Merve [1978]

FOUCAULT, MICHEL (1996): *Der Mensch ist ein Erfahrungstier. Gespräch mit Ducio Trombadori.* Frankfurt/M.: Suhrkamp [1980/1978] [auch in neuer Übersetzung in: FOUCAULT 2005: 51-119]

FOUCAULT, MICHEL (1996a): *Diskurs und Wahrheit. Berkeley-Vorlesungen 1983.* Berlin: Merve

FOUCAULT, MICHEL (2000): Gouvernementalität. In: BRÖCKLING, ULRICH; SUSANNE KRASMANN; THOMAS LEMKE (Hrsg.): *Gouvernementalität der Gegenwart.* Frankfurt/M.: Suhrkamp, S. 41-67 [1978, auch FOUCAULT 2004a: 134-172]

FOUCAULT, MICHEL (2001): *Schriften in vier Bänden. Dits et Écrits,* hrsg. von Daniel Defert und François Ewald, Bd. 1: 1954-1969, Frankfurt/M.: Suhrkamp

– (2001b): *Michel Foucault erklärt sein jüngstes Buch,* S. 980-991 [1969]

– (2001c): *Wer sind Sie, Professor Foucault?,* S. 770-793 [1967]

– (2001d): *Titel und Arbeiten,* S. 1069-1075 [1969]

– (2001e): *Gespräch mit Madeleine Chapsal,* S. 664-670 [1966]

– (2001f): *Ist der Mensch tot?,* S. 697-670 [1966]

– (2001g): *Vorwort,* S. 223-234 [1961]

– (2001h): *Der Wahnsinn, Abwesenheit eines Werkes,* S. 539-550 [1964]

– (2001i): *Foucault antwortet Sartre*, S. 845-853 [1968]
– (2001j): *Über verschiedene Arten, Geschichte zu schreiben*, S. 750-769 [1967]
– (2001k): *Nietzsche, Freud, Marx*, S. 727-742
– (2001l): *Der Wahnsinn existiert nur in einer Gesellschaft*, S. 234-237 [1961]
– (2001m): *Interview mit Michel Foucault*, S. 831-845 [1968]
– (2001n): *Die strukturalistische Philosophie gestattet eine Diagnose dessen, was »heute« ist*, S. 743-749 [1967]
– (2001o): *Wahnsinn, Literatur, Gesellschaft*, S. 129-156 [1970/1979]
– (2001p): *Wahnsinn und Gesellschaft*, S. 157-165 [1970]
– (2001q): *Antwort auf eine Frage*, S. 859-886 [1969]
– (2001r): *Über die Archäologie der Wissenschaften. Antwort auf den Cercle d'épistémologie*, S. 887-931 [1968]
– (2001s): *Michel Foucault, »Die Ordnung der Dinge«*, S. 644-652 [1966]
– (2001t): *Die Geburt einer Welt*, S. 999-1003 [1969]
FOUCAULT, MICHEL (2002): *Schriften in vier Bänden. Dits et Écrits*, hrsg. von Daniel Defert u. François Ewald, Bd. 2: 1970-1975, Frankfurt/M.: Suhrkamp
– (2002a): *Gefängnisse und Anstalten im Mechanismus der Macht*, S. 648-653 [1974]
– (2002b): *Von den Martern zu den Zellen*, S. 882-888 [1975]
– (2002c): *Der Philosoph Foucault spricht. Denken Sie*, S. 527-529 [1973]
– (2002d): *Zur Geschichte zurückkehren*, S. 331-346 [1972]
– (2002e): *Nietzsche, die Genealogie, die Historie*, S. 166-191 [1971]
– (2002f): *Die Wahrheit und die juristischen Formen*, S. 669-792 [1973/74]
– (2002g): *Ein Problem interessiert mich seit langem: das Problem des Strafsystems*, S. 250-255 [1971]
– (2002h): *Gespräch mit Michel Foucault*, S. 222-236 [1971]
– (2002i): *Auf dem Präsentierteller*, S. 888-895 [1975]
– (2002j): *Gespräch über das Gefängnis; das Buch und seine Methode*, S. 913-932 [1975]
– (2002k): *Monstrositäten der Kritik*, S. 262-272 [1971]

– (2002l): *Theorien und Institutionen des Strafvollzugs*, S. 486-490 [1972]
– (2002m): *Die Intellektuellen und die Macht*, S. 382-393 [1972]
FOUCAULT, MICHEL (2003): *Schriften in vier Bänden. Dits et Écrits*, hrsg. von Daniel Defert und François Ewald, Bd. 3: 1976-1979, Frankfurt/M.: Suhrkamp
– (2003a): *Das Leben der infamen Menschen*, S. 309-332 [1977]
– (2003b): *Die Machtverhältnisse gehen in das Innere der Körper über*, S. 298-309 [1977]
– (2003c): *Das Spiel des Michel Foucault*, S. 391-429 [1977]
– (2003d): *Gespräch mit Michel Foucault*, S. 186-213 [1977]
– (2003e): *Vorlesung vom 14. Januar 1976*, S. 231-250 [1977]
– (2003f): *Macht und Wissen*, S. 515-534 [1977]
– (2003g): *Die Gesundheitspolitik im 18. Jahrhundert*, S. 19-37 [1976]
– (2003h): *Krise der Medizin oder Krise der Antimedizin*, S. 54-76 [1976]
– (2003i): *Die Geburt der Sozialmedizin*, S. 272-298 [1977]
– (2003j): *Die Einbindung des Krankenhauses in die moderne politische Technologie*, S. 644-660 [1978]
FOUCAULT, MICHEL (2003a): *Schriften zur Literatur*. Hrsg von Daniel Defert und François Ewald. Frankfurt/M.: Suhrkamp
FOUCAULT, MICHEL (2005): *Schriften in vier Bänden. Dits et Écrits*, hrsg. von Daniel Defert und François Ewald, Bd. 4: 1980-1988, Frankfurt/M.: Suhrkamp
– (2005a): *Michel Foucault, interviewt von Stephen Riggins*, S. 641-657 [1983]
– (2005b): *Ist es also wichtig zu denken?*, S. 219-223 [1981]
– (2005c): *Archäologie einer Leidenschaft*, S. 734-746 [1984]
– (2005d): *Strukturalismus und Poststrukturalismus*, S. 521-555 [1983]
– (2005e): *Wahrheit, Macht, Selbst. Ein Gespräch zwischen Rux Martin und Michel Foucault (25. Oktober 1982)*, S. 959-966 [1982]
– (2005f): *Die Rückkehr der Moral*, S. 859-873 [1984]
– (2005g): *Das Leben: Die Erfahrung und die Wissenschaft*, S. 941-959 [1985]
– (2005h): *Der Staub und die Wolke*, S. 12-25 [1978/1980]

– (2005i): *Diskussion vom 20. Mai 1978*, S. 25-44 [1978/1980]
– (2005j): *Die Sorge um die Wahrheit*, S. 823-836 [1984]
– (2005k): *Polemik, Politik und Problematisierungen*, S. 724-735 [1984]
– (2005l): *Was ist Aufklärung?*, S. 687-707 [1984]
– (2005m): *Die Maschen der Macht*, S. 224-244 [1981]
– (2005n): *Die Ethik der Sorge um sich als Praxis der Freiheit*, S. 875-902 [1984]
– (2005o): *Die politische Technologie der Individuen*, S. 999-1015 [1984]
– (2005p): *Technologien des Selbst*, S. 966-998 [1984]
– (2005q): *Foucault*, S. 776-782 [1984]
– (2005r): *Die Hermeneutik des Subjekts*, S. 423-438 [1982]
– (2005s): *Von der Regierung der Lebenden*, S. 154-159 [1980]
– (2005t): *Subjektivität und Wahrheit*, S. 258-264 [1981]
– (2005u): *Politik und Ethik: Ein Interview*, S. 715-723 [1984]
– (2005v): *Zur Genealogie der Ethik: Ein Überblick über die laufende Arbeit*, S. 461-497 [1981]
– (2005w): *Eine Ästhetik der Existenz*, S. 902-908 [1984]
– (2005x): *»Omnes et singulatim«: Zu einer Kritik der politischen Vernunft*, S. 165-198 [1981]
– (2005y): *Sexualität und Einsamkeit*, S. 207-219 [1981]
– (2005z): *Lacan, der »Befreier« der Psychoanalyse*, S. 248-249 [1981]

FOUCAULT, MICHEL (2005bb): *Analytik der Macht*, hrsg. von Daniel Defert und François Ewald, Frankfurt/M.: Suhrkamp

FOUCAULT, MICHEL (2007): *Ästhetik der Existenz. Schriften zur Lebenskunst*. Hrsg. von Daniel Defert und François Ewald. Frankfurt/M.: Suhrkamp

FOUCAULT, MICHEL (2009b): *Geometrie des Verfahrens. Schriften zur Methode*. Hrsg. von Daniel Defert und François Ewald unter Mitarbeit von Jacques Lagrange. Ausgewählt und mit einem Nachwort von Petra Gehring. Frankfurt/M.: Suhrkamp

FOUCAULT, MICHEL (2009c): *Kritik des Regierens. Schriften zur Politik*. Ausgewählt und mit einem Nachwort versehen von Ulrich Bröckling. Frankfurt/M.: Suhrkamp

FOUCAULT, MICHEL (2010): *Einführung in Kants Anthropologie*. Frankfurt/M.: Suhrkamp [1961, verfasst und erschienen als

Begleittext zu seiner Übersetzung von Kants *Anthropologie in pragmatischer Hinsicht* von 1798-1800]

FOUCAULT, MICHEL (2012): *Schriften zur Medientheorie.* Ausgewählt und mit einem Nachwort von Bernhard J. Dotzler. Berlin: Suhrkamp

FOUCAULT, MICHEL (2021): *Die Heterotopien. Der utopische Körper.* Zwei Radiovorträge. 5. Aufl. Berlin: Suhrkamp

Weiterführende Literatur

BRIELER (1998a) gibt eine detaillierte Werkdiskussion der Arbeiten Foucaults aus geschichtswissenschaftlicher Perspektive, die sich für eine vertiefte Auseinandersetzung eignet.

BRÖCKLING, KRASMAN und LEMKE (2001) stellen Perspektiven der Gouvernementalitätsforschung im Anschluss an Foucault vor.

DREYFUS und RABINOW (1987) haben eine der frühesten und nach wie vor besten Überblicksdarstellungen des Foucault'schen Werkes vorgelegt, in der auch philosophische Bezüge erläutert werden.

ERIBON (1991) hat eine vorzügliche Biografie geschrieben, die sich für einen ersten Einstieg und auch wegen ihrer zahlreichen Kontexthinweise für einen vertiefenden Zugang in das Werk Foucaults eignet.

FOUCAULT (1996) enthält ein langes Interview mit Foucault. Er erläutert darin sein Arbeitsverständnis und kommentiert seine verschiedenen Studien. Der Text eignet sich sehr gut für einen Einstieg.

FOUCAULT (2005q) ist ein unter Pseudonym für ein philosophisches Lexikon verfasster Artikel über »Michel Foucault«, der einen sehr guten knappen Überblick über sein Selbstverständnis gibt.

FOUCAULT (2005bb) enthält eine neuere Zusammenstellung von Aufsätzen zur Machtthematik.

KELLER (2011) diskutiert die Zusammenführung Foucault'scher Konzepte mit der sozialkonstruktivistischen Wissenssoziologie hin zu einer wissenssoziologischen Diskursanalyse.

BUBLITZ et al. (1999) sowie KELLER et al. (2010, 2011) enthalten Einzelbeiträge aus verschiedenen Disziplinen, in denen die Nutzung Foucault' scher Analysewerkzeuge in der Diskursforschung diskutiert werden.

KENDALL und WICKHAM (1999) entwickeln ein eindrucksvolles Plädoyer für die soziologische Nutzung der Foucault'schen Werkzeugkiste.

MACEY (1993) stellt in seiner ausführlichen Biografie die verschiedenen Untersuchungen Foucaults im biografischen Zusammenhang dar.

O'FARRELL (2005) erläutert in origineller Weise theoretisch-methodologische Grundlagen der Foucault'schen Vorgehensweise.

SAAR (2007) und KOOPMAN (2013) diskutieren in präziser Weise Foucaults genealogisches Projekt.

SCHÄFER (1995) diskutiert die an Foucault adressierten Kritiken und Polemiken. Sein Buch eignet sich für eine vertiefende Auseinandersetzung mit der erkenntnistheoretischen Position Foucaults.

VEYNE (2009), Foucault lange freundschaftlich verbunden, führt in origineller Weise in sein Denken und Werk ein.

Sekundärliteratur

ALTHUSSER, LOUIS (1977): Ideologie und ideologische Staatsapparate. (Anmerkungen für eine Untersuchung) In: ALTHUSSER, LOUIS: *Ideologie und ideologische Staatsapparate. Aufsätze zur marxistischen Theorie,* Berlin: VSA, S. 108-153 [1970]

ANGERMÜLLER, JOHANNES; SILKE VAN DYK (Hrsg.) (2010): *Diskursanalyse meets Gouvernementalitätsforschung: Perspektiven auf das Verhältnis von Subjekt, Sprache, Macht und Wissen.* Frankfurt/M.: Campus

ANGERMÜLLER, JOHANNES; MARTIN NONHOFF; EVA HERSCHINGER; FELICITAS MACGILCHRIST; MARTIN, REISIGL; JULIETTE WEDL; DANIEL WRANA; ALEXANDER ZIEM (Hrsg.) (2014): *Handbuch Diskursforschung.* 2 Bde. Bielefeld: transkript

ARON, JEAN PAUL (1984): *Les modernes,* Paris: Gallimard

BACHELARD, GASTON (1984): *Die Bildung des wissenschaftlichen Geistes. Beitrag zu einer Psychoanalyse der objektiven Erkenntnis.* Frankfurt/M.: Suhrkamp [1938]

BERGER, PETER; THOMAS LUCKMANN (2003): *Die gesellschaftliche Konstruktion der Wirklichkeit. Eine Theorie der Wissenssoziologie.* 19. Auflage. Frankfurt/M.: Fischer [1966]

BERMES, CHRISTIAN (2020): *Maurice Merleau-Ponty zur Einführung.* 4. Auflage. Hamburg: Junius [1998]

BERT, JEAN-FRANÇOIS (2006): Réserve, juxtaposition et adhésion: la place de Michel Foucault dans la sociologie française. In: *Sociologie et sociétés,* XXXVII, 2, S. 189-208

BERT, JEAN-FRANÇOIS (2007): *Michel Foucault. Regards croisés sur le corps.* Straßburg: Le Portique

BERT, JEAN-FRANÇOIS; ELISBETTA BASSO (Hrsg.) (2015): *Foucault à Münsterlingen. A l'Origine de l'Histoire de la folie.* Paris: Editions EHESS

BETZ, GREGOR; MAYA HALATCHEVA-TRAPP; REINER KELLER (Hrsg.): *Soziologische Experimentalität. Wechselwirkungen zwischen Disziplin und Gegenstand.* Weinheim: Beltz/Juventa

BEZZEL, CHRIS (2000): *Wittgenstein zur Einführung.* Hamburg: Junius

BOSANČIĆ, SAŠA; FOLKE BRODERSEN; LISA PFAHL; LENA SCHÜRMANN; TINA SPIES; BORIS TRAUE (Hrsg.) (2022): *Following the Subject. Grundlagen und Zugänge empirischer Subjektivierungsforschung.* Wiesbaden: Springer VS

BOURDIEU, PIERRE; JEAN-CLAUDE PASSERON (1981): Soziologie und Philosophie in Frankreich seit 1945. In: LEPENIES, WOLF (Hrsg.): *Geschichte der Soziologie, Bd.3.* Frankfurt/M.: Suhrkamp, S. 496-551 [1967]

BOURDIEU, PIERRE (2004): *Staatsadel.* Konstanz: UVK [1989]

BOURDIEU, PIERRE; JEAN-CLAUDE CHAMBOREDON; JEAN-CLAUDE PASSERON (1991): *Soziologie als Beruf. Wissenschaftstheoretische Voraussetzungen soziologischer Erkenntnis.* Berlin: de Gruyter [1968]

BRIELER, ULRICH (1998a): *Die Unerbittlichkeit der Historizität. Foucault als Historiker.* Köln: Böhlau

BRIELER, ULRICH (1998b): Foucaults Geschichte. In: *Geschichte und Gesellschaft* 24, S. 248-282

BRÖCKLING, ULRICH; SUSANNE KRASMANN; THOMAS LEMKE (Hrsg.) (2000): *Gouvernementalität der Gegenwart.* Frankfurt/M.: Suhrkamp

BUBLITZ, HANNELORE (1999): *Foucaults Archäologie des kulturellen Unbewussten: zum Wissensarchiv und Wissensbegehren moderner Gesellschaften.* Frankfurt/M.: Campus

BUBLITZ, HANNELORE; ANDREA D. BÜHRMANN; CHRISTINE HANKE; ANDREA SEIER (Hrsg.) (1999): *Das Wuchern der Diskurse. Perspektiven der Diskursanalyse Foucaults.* Frankfurt/M.: Campus

BÜHRMANN, ANDREA D.; RAINER DIAZ-BONE; ENCARNACIÓN GUTIÉRREZ RODRIGUEZ; GAVIN KENDALL; FRANCISCO J. TIRADO; WERNER SCHNEIDER (Hrsg.) (2007): *Von Michel Foucaults Diskurstheorie zur empirischen Diskursforschung. Aktuelle methodologische Entwicklungen und methodische Anwendungen in den Sozialwissenschaften.* Schwerpunktheft des Online-*Forum Qualitative Sozialforschung* 8, 2, www.qualitative-research.net/fqs/fqs.htm [10.10.2007]

BURKE, PETER (1998): *Offene Geschichte. Die Schule der »Annales«.* Frankfurt/M.: Fischer

BURCHELL, GRAHAM; COLIN GORDON; PETER MILLER (Hrsg.) (1991): *The Foucault Effect. Studies in Governmentality.* Chicago: University Press

CANGUILHEM, GEORGES (1977): *Das Normale und das Pathologische.* Frankfurt/M.: Ullstein [1943/1966]

CANGUILHEM, GEORGES (1988): Tod des Menschen oder Ende des Cogito. In: CANGUILHEM, GEORGES ; MICHEL FOUCAULT (1988): *Der Tod des Menschen im Denken des Lebens. Georges Canguilhem über Michel Foucault. Michel Foucault über*

Georges Canguilhem. Hrsg. von Marcelo MARQUES. Tübingen: edition diskord, S. 17-51

CANGUILHEM, GEORGES (1991): Über die Geschichte des Wahnsinns als Ereignis. In: SCHMID, WILHELM (Hrsg.): *Denken und Existenz bei Michel Foucault*. Frankfurt/M.: Suhrkamp, S. 61-66 [1984]

CANGUILHEM, GEORGES; MICHEL FOUCAULT (1988): *Der Tod des Menschen im Denken des Lebens. Georges Canguilhem über Michel Foucault. Michel Foucault über Georges Canguilhem*. Hrsg. von Marcelo Marques, Tübingen: edition diskord

CHAR, RENÉ (1983): Fureur et Mystères. In: CHAR, RENÉ: *Œuvres complètes*. Paris: La Pleïade, S. 160

CLARKE, ADELE E. (2012): *Situationsanalyse. Grounded Theory nach dem Postmodern Turn*. Wiesbaden: Springer VS

CLARKE, ADELE E.; CARRY FRIESE; RACHEL S. WASHBURN (2017): *Situational Analysis: Grounded Theory After the Interpretive Turn*. London: Sage

CULLER, JONATHAN (1999): *Dekonstruktion. Derrida und die poststrukturalistische Literaturtheorie*. Reinbek b. Hamburg: Rowohlt

DARIER, ERIC (1998): *Discourses of the Environment*. Hoboken: John Wiley & Sons

DEAN, MITCHELL (1994): *Critical and effective histories. Foucaults methods and historical sociology*. London: Routledge

DEAN, MITCHELL (2009): *Governmentality. Power and Rule in Modern Society*. London: Sage [1999]

DELEDALLE, GÉRARD (2002): Michel Foucault et le Tournant Tunisien: Du structuralisme à l'analyse pragmatique. In: *Les Cahiers de Tunisie* 182, S. 45-51

DEFERT, DANIEL (2001): Zeittafel. In: FOUCAULT, MICHEL (2001): *Schriften in vier Bänden. Dits et Écrits, Bd. 1: 1954-1969*, S. 15-106

DELEUZE, GILLES (1987): *Foucault*. Frankfurt/M.: Suhrkamp

DELEUZE, GILLES (1991): Was ist ein Dispositiv? In: EWALD, FRANÇOIS; BERNHARD WALDENFELS (Hrsg.): *Spiele der Wahrheit. Michel Foucaults Denken*. Frankfurt/M.: Suhrkamp, S. 153-162

DIAZ-BONE, RAINER (2018): Foucaultsche Diskursanalyse und Ungleichheitsforschung. In: ZQF – *Zeitschrift für Qualitative Forschung*, 1-2/2018, S. 47-61

DIAZ-BONE, RAINER (2019): Economics of Convention Meets Foucault. In: *Historical Social Research*, 44(1), S. 308-334

DIAZ-BONE, RAINER; RONALD HARTZ (2023): *Dispositiv und Ökonomie: Diskurs- und dispositivanalytische Perspektiven auf Märkte und Organisationen*. Wiesbaden: Springer VS

DODIER, NICOLAS; JANINE BARBOT; NATHALIE PLOUCHARD-ENGEL (2021): Dispositif. In: BOWEN, JOHN R., NICOLAS DODIER; JAN WILLEM DUYVENDAK; ANITA HARDON (Hrsg.): *Pragmatic Inquiry. Critical Concepts for Social Sciences*. London: Routledge, S. 55-67

DOSSE, FRANÇOIS (1996): *Geschichte des Strukturalismus, Bd. 1: Das Feld des Zeichens. 1945-1966*. Hamburg: Junius

DOSSE, FRANÇOIS (1997): *Geschichte des Strukturalismus, Bd. 2: Die Zeichen der Zeit 1967-1991*. Hamburg: Junius

DREYFUS, HUBERT L.; PAUL RABINOW (1987): *Michel Foucault. Jenseits von Strukturalismus und Hermeneutik*. Frankfurt/M.: athenäum

DUMÉZIL, GEORGES (1987): *Entretiens avec Didier Eribon*. Paris: Gallimard

DUMÉZIL, GEORGES (1989): *Mythos und Epos: Die Ideologie der 3 Funktionen in den Epen der indoeuropäischen Völker*. Frankfurt/M.: Campus [1968]

DURKHEIM, ÉMILE (1981): *Die elementaren Formen des religiösen Lebens*. Frankfurt/M.: Suhrkamp [1912]

EGGER, STEPHAN (2008): Durkheim und die École sociologique. In: SCHÜTZEICHEL, RAINER (Hrsg.): *Handbuch Wissenssoziologie und Wissensforschung*. Konstanz: UVK, S. 23-41

ERIBON, DIDIER (1991): *Michel Foucault. Eine Biographie*. Frankfurt/M.: Suhrkamp [1989]

ERIBON, DIDIER (1998): *Michel Foucault und seine Zeitgenossen*. München: Boer

ESSBACH, WOLFGANG (1997): Durkheim, Weber, Foucault. Religion, Ethos und Lebensführung. In: GROUPE DE

RECHERCHE SUR LA CULTURE DE WEIMAR (Hrsg.): *L'éthique protestante de Max Weber et l'esprit de la modernité*. Paris: Éditions de la maison des sciences de l'homme, S. 261-277

FABIANI, JEAN-LOUIS (2004): La sociologie historique face à l'archéologie du savoir. In: *Foucault: usages et actualités*. Schwerpunktheft von *Le Portique. Revue de philosophie et des sciences humaines* 13/14: o.S. Verfügbar unter http://leportique.revues.org/document611.html [10.8.07]

FLECK, LUDWIK (1980): *Entstehung und Entdeckung einer wissenschaftlichen Tatsache. Einführung in die Lehre vom Denkstil und Denkkollektiv*. Frankfurt/M.: Suhrkamp [1935]

FLECHTHEIM, OSSIP KURT; HANS-MARTIN LOHMANN (2003): *Marx zur Einführung*. Hamburg: Junius [1988]

GEHRING, PETRA (Hrsg.) (2012): *Parrhesia: Foucault und der Mut zur Wahrheit*. Zürich: Diaphanes

GEIER, MANFRED (2005): *Martin Heidegger*. Reinbek b. Hamburg: Rowohlt

GENTE, PETER (Hrsg.) (2004): *Foucault und die Künste*. Herausgegeben im Auftrag des Zentrums für Kunst und Medientechnologie (ZKM). Frankfurt/M.: Suhrkamp

GLASER, BARNEY G.; ANSELM L. STRAUSS (2010): *Grounded Theory. Grundlagen qualitativer Sozialforschung*. Bern: Huber [1967]

GOLINSKI, JAN (1998): *Making Natural Knowledge. Constructivism and the History of Science*. Cambridge: University Press

GUTTING, GARY (1989): *Michel Foucault's Archaeology of Scientific Reason*. Cambridge: University Press

HABERMAS, JÜRGEN (1985): *Der philosophische Diskurs der Moderne*. Frankfurt/M.: Suhrkamp

HALL, STUART (2002): Die Zentralität von Kultur. In: HEPP, ANDREAS; MARTIN LÖFFELHOLZ (Hrsg.) (2002): *Grundlagentexte zur transkulturellen Kommunikation*. Konstanz: UVK, S. 95-117 [1997]

HITZLER, RONALD; ANNE HONER (Hrsg.) (1997): *Sozialwissenschaftliche Hermeneutik*. München: UTB

HITZLER, RONALD, JO REICHERTZ; NORBERT SCHRÖER (Hrsg.) (1999): *Hermeneutische Wissenssoziologie. Standpunkte zur Theorie der Interpretation.* Konstanz: UVK

HÖFFE, OTFRIED (2007): *Immanuel Kant.* 7., überarbeitete Auflage. München: Beck [1983]

HONNETH, AXEL; MARTIN SAAR (Hrsg.) (2003): *Zwischenbilanz einer Rezeption. Frankfurter Foucault-Konferenz 2001.* Frankfurt/M.: Suhrkamp

JUNG, MATTHIAS (2018): *Hermeneutik zur Einführung.* 5. Auflage. Hamburg: Junius [2001]

KAESLER, DIRK (Hrsg.) (2005): *Aktuelle Theorien der Soziologie.* München: Beck

KAMMLER, CLEMENS; ROLF PARR; ULRICH JOHANNES SCHNEIDER (2014): *Foucault-Handbuch: Leben – Werk – Wirkung.* Stuttgart: Metzler

KANT, IMMANUEL (1977): Anthropologie in pragmatischer Hinsicht. In: ders.: *Schriften zur Anthropologie, Geschichtsphilosophie, Politik und Pädagogik 2. Werkausgabe Band XII*, hrsg. von Wilhelm Weischedel. Frankfurt/M.: Suhrkamp [1798/1800]

KANT, IMMANUEL (1978): Beantwortung der Frage: Was ist Aufklärung? In: ders.: *Schriften zur Anthropologie, Geschichtsphilosophie, Politik und Pädagogik 1. Werkausgabe Band XI*, 2. Auflage, hrsg. von Wilhelm Weischedel. Frankfurt/M.: Suhrkamp [1783]

KAUPPERT, MICHAEL (2008): *Claude Lévi-Strauss.* Klassiker der Wissenssoziologie, Band 13. Konstanz: UVK

KELLER, REINER (1997): Diskursanalyse. In: HITZLER, RONALD; ANNE HONER (Hrsg.): *Sozialwissenschaftliche Hermeneutik.* München: UTB, S. 309-334

KELLER, REINER (2005): Wissenssoziologische Diskursanalyse als interpretative Analytik. In: KELLER, REINER; ANDREAS HIRSELAND; WERNER SCHNEIDER; WILLY VIEHÖVER (Hrsg.): *Die diskursive Konstruktion von Wirklichkeit.* Konstanz: UVK, S. 49-76

KELLER, REINER (2011a): *Diskursforschung. Eine Einführung für SozialwissenschaflterInnen.* 4. Auflage. Wiesbaden: Springer VS

KELLER, REINER (2011b): *Wissenssoziologische Diskursanalyse. Grundlegung eines Forschungsprogramms.* 3. Auflage. Wiesbaden: Springer VS [2005]

KELLER, REINER (2012): *Das Interpretative Paradigma. Eine Einführung.* Wiesbaden: Springer VS

KELLER, REINER (2015): Weber und Foucault. Interpretation, Hermeneutik und Wissenssoziologische Diskursanalyse. In: KELLER, REINER; WERNER SCHNEIDER; WILLY VIEHÖVER (Hrsg.) (2015): *Diskurs – Interpretation – Hermeneutik.* 1. Beiheft der Zeitschrift für Diskursforschung. Weinheim: Beltz Juventa, S. 173-210

KELLER, REINER (2017): Has Critique Run Out of Steam? On Discourse Research as Critical Inquiry. In: *Qualitative Inquiry. Special Issue: Challenges for a New Critical Qualitative Inquiry.* 23 (1), S. 58-68.

KELLER, REINER (2018): Michel Foucault: discourse, power/knowledge and the modern subject. In: WODAK, RUTH; BERNHARD FORCHTNER (Hrsg.): *The Routledge Handbook of Language and Politics.* London, New York 2018, S. 67-81

KELLER, REINER (2019a): Die Untersuchung von Dispositiven. Zur fokussierten Diskurs- und Dispositivethnografie in der Wissenssoziologischen Diskursanalyse. In: BOSANČIĆ, SAŠA; REINER KELLER (Hrsg.): *Diskursive Konstruktionen. Kritik, Materialität und Subjektivierung in der wissenssoziologischen Diskursforschung.* Wiesbaden: Springer VS, S. 51-74

KELLER, REINER (2019b): Positionierungsmacht. In: NICOLAE, STEFAN; MARTIN ENDRESS; OLIVER BERLI; DANIEL BISCHUR (Hrsg.) (2019): *(Be)Werten. Beiträge zur sozialen Konstruktion von Wertigkeit.* Wiesbaden: Springer VS, S. 147-169

KELLER, REINER (2022): Neuer Materialismus? Ein Blick aus der Wissenssoziologie. In: *Diskurs und Materialität. Schwerpunktheft der Zeitschrift für Diskursforschung,* hrsg. von Simon Egbert und Patrick Bettinger, Nr. 2/2021, S. 181-200

KELLER, REINER; MARTIN BLESSINGER (2023): *Positionierungsmacht. Die Regierung der Marktakteure.* Weinheim: Beltz Juventa

KELLER, REINER; OLIVER DIMBATH (2017): Was ist Wissenssoziologie? Zur Orientierung in einem unübersichtlichen Forschungsgebiet. In: *Soziopolis* v. 30.5.2017; https://www.soziopolis.de/was-ist-wissenssoziologie.html

KELLER, REINER; ANDREAS HIRSELAND; WERNER SCHNEIDER; WILLY VIEHÖVER (Hrsg.) (2011): *Handbuch Sozialwissenschaftliche Diskursforschung Band 1: Theorien und Methoden*. Erweiterte 3. Auflage. Wiesbaden: Springer VS [2001]

KELLER, REINER; ANDREAS HIRSELAND; WERNER SCHNEIDER; WILLY VIEHÖVER (Hrsg.) (2010): *Handbuch Sozialwissenschaftliche Diskursforschung. Band 2: Forschungspraxis*. Erweiterte 4. Auflage. Wiesbaden: Springer VS [2003]

KELLER, REINER; ANNA HORNIDGE; WOLF SCHÜNEMANN (Hrsg.) (2022): *The Sociology of Knowledge Approach to Discourse. Investigating the Politics of Knowledge and Meaning-making*. London: Routledge [Open Access Version]

KELLER, REINER; WERNER SCHNEIDER; WILLY VIEHÖVER (Hrsg.) (2012): *Diskurs – Macht – Subjekt. Theorie und Empirie von Subjektivierung in der Diskursforschung*. Wiesbaden: Springer VS

KELLER, REINER; WERNER SCHNEIDER; WILLY VIEHÖVER (Hrsg.) (2015): *Diskurs – Interpretation – Hermeneutik. 1. Beiheft der Zeitschrift für Diskursforschung*. Weinheim: Beltz Juventa

KENDALL, GAVIN; GARY WICKHAM (1999): *Using Foucault's Methods*. London: Sage

KNOBLAUCH, HUBERT (2000): Der Krieg, der Diskurs und die Paranoia der Macht. Michel Foucaults Verteidigung der Gesellschaft. In: *Soziologische Revue* 23, 3, S. 263-268

KNOBLAUCH, HUBERT (2014): *Wissenssoziologie*. 3. Auflage. Konstanz: UVK

KOOPMAN, COLIN (special issue editor) (2011): *Foucault and Pragmatism*. Special Issue of Foucault Studies. https://doi.org/10.22439/fs.v0i11.3201

KOOPMAN, COLIN (2013): *Genealogy as Critique: Foucault and the Problems of Modernity*. Bloomington: Indiana University Press

KURT, RONALD (2008): *Hermeneutik: Eine sozialwissenschaftliche Einführung*. Konstanz: UVK

LAHIRE, BERNARD (2005): L'esprit sociologique de Michel Foucault. In: LAHIRE, BERNARD: *L'esprit sociologique*. Paris: La Découverte, S. 112-127

LASCOUME, PIERRE (1994): *L'éco-pouvoir. Environnements et politiques*. Paris: La découverte

LATOUR, BRUNO (2021/2004): *Elend der Kritik: Vom Krieg um Fakten zu Dingen von Belang*. Zürich: diaphanes

LAW, JOHN (1994): *Organizing Modernity*, Oxford: University Press

LAW, JOHN (2008): Actor-network theory and material semiotics. In: TURNER, BRYAN S. (Hrsg.): *The New Blackwell Companion to Social Theory*. 3. Aufl. Oxford: Blackwell, S. 141-158

LE BON DE BEAUVOIR, SYLVIE (1967): Un positiviste désespéré: Michel Foucault. In: *Les Temps Modernes* 22 (248), S. 1299

LEACH, EDMUND (2006): *Claude Lévi-Strauss zur Einführung*. Hamburg: Junius

Le Magazine Littéraire 2004 NR. 435 Dossier: Michel Foucault, Une Éthique De La Vérité Avec Un Cours Inédit

Le Magazine Littéraire 2014 NR. 540: Dossier Foucault Inédit

LEMKE, THOMAS (2000): Neoliberalismus, Staat und Selbsttechnologien. Ein kritischer Überblick über die governmentality studies. In: *PVS* 51, S. 31-47

LEMKE, THOMAS (2005): Geschichte und Erfahrung. Michel Foucault und die Spuren der Macht. In: MICHEL FOUCAULT: *Analytik der Macht*. Frankfurt/M.: Suhrkamp, S. 319-348

LEMKE, THOMAS (2010): *Eine Kritik der politischen Vernunft. Foucaults Analyse der modernen Gouvernementalität*. 5. Auflage. Hamburg: Argument [1997]

LEMKE, THOMAS (2021): *The Government of Things: Foucault and the New Materialisms*. New York: New York University Press

LEPENIES, WOLF (1985): *Die drei Kulturen. Soziologie zwischen Literatur und Wissenschaft*. München: Hanser

LINK, JÜRGEN (2013): *Versuch über den Normalismus. Wie Normalität produziert wird*. 5. Auflage. Göttingen: Vandenhoeck & Ruprecht [1996]

LOHMANN, HANS-MARTIN (2006): *Sigmund Freud zur Einführung*. 6. Auflage. Hamburg: Junius [1986]

MAASEN, SABINE (2007): *Wissenssoziologie*. 2. Auflage [1999]

MACEY, DAVID (1993): *The Lives of Michel Foucault*. London: Hutchinson

MANNING, PHILIPP K. (1982): Structuralism and the Sociology of Knowledge. In: *Knowledge: Creation, Diffusion, Utilization* 4, 1, S. 51-72

MATTERN, JENS (1996): *Ricœur zur Einführung*. Hamburg: Junius

MAUSS, MARCEL (1978a): Die Techniken des Körpers. In: ders.: *Soziologie und Anthropologie Bd. II*. Frankfurt/M.: Ullstein, S. 199-220 [1934]

MAUSS, MARCEL (1978b): Eine Kategorie des menschlichen Geistes: Der Begriff der Person und des ›Ich‹. In: MAUSS, MARCEL: *Soziologie und Anthropologie Bd. II*. Frankfurt/M.: Ullstein, S. 221-252 [1939]

MOEBIUS, STEPHAN (2006): *Marcel Mauss*. Konstanz: UVK

NIETZSCHE, FRIEDRICH (1985a): Menschliches, Allzumenschliches. Ein Buch für freie Geister. In: ders.: *Werke in vier Bänden. Bd. III*. Salzburg: Das Bergland-Buch, S. 125-270 [1878]

NIETZSCHE, FRIEDRICH (1985b): Die fröhliche Wissenschaft. In: ders.: *Werke in vier Bänden. Bd. IV*. Salzburg: Das Bergland-Buch, S. 7-152 [1882]

O'FARRELL, CLARE (2005): *Michel Foucault*. London: Sage

OSTWALD, HOLGER (2001): Foucault und Nietzsche. In: MARCUS S. KLEINER (Hrsg.): *Michel Foucault. Eine Einführung in sein Denken*. Frankfurt/M.: Campus, S. 205-223

OTERO, MARCELO (Hrsg.) (2006): Michel Foucault: sociologue? Schwerpunktheft von *Sociologie et Sociétés* XXXVIII, 2

PAGEL, GERDA (2019): *Jacques Lacan zur Einführung*. 7. Auflage. Hamburg: Junius [1999]

PERROT, MICHELLE (Hrsg.) (1980): *L'impossible prison*. Paris: Seuil

POITEVIN, MICHEL (2002): *Dumézil*. Paris: ellipses

POLLACK, MICHAEL (1978): *Gesellschaft und Soziologie in Frankreich. Tradition und Wandel in der neueren französischen Soziologie.* Königstein/Ts.: Hain

PRECHTL, PETER (1993): *Saussure zur Einführung.* Hamburg: Junius

PRECHTL, PETER (2004): *Descartes zur Einführung.* 2. Auflage. Hamburg: Junius

PRECHTL, PETER (2012): *Edmund Husserl zur Einführung.* 5. Auflage. Hamburg: Junius [1998]

RABINOW, PAUL; KELLER, REINER (2016): *What Kind of Being Is Anthrōpos? The Anthropology of the Contemporary. Paul Rabinow in Conversation With Reiner Keller* [56 paragraphs]. Forum Qualitative Sozialforschung / Forum: Qualitative Social Research, 17(1), Art. 19, http://nbn-resolving.de/urn:nbn:de:0114-fqs1601199

RAFFNSØ, SVERRE; MARIUS GUDMAND-HØYER; MORTEN SØRENSEN THANING (2010): *Foucault: Ein Studienhandbuch.* Paderborn: Wilhelm Fink

RAPHAEL, LUTZ (1994): *Die Erben von Bloch und Febvre. Annales-Geschichtsschreibung und nouvelle histoire in Frankreich 1945 - 1980.* Stuttgart: Klett-Cotta

RAPHAEL, LUTZ (2003): *Geschichtswissenschaft im Zeitalter der Extreme.* München: Beck

RENN, JOACHIM (2012): Nicht Herr im eigenen Hause und doch nicht eines anderen Knecht: Individuelle Agency und Existenz in einer pragmatisierten Diskurstheorie. In: KELLER, REINER; WERNER SCHNEIDER; WILLY VIEHÖVER (Hrsg.): *Diskurs – Macht – Subjekt: Theorie und Empirie von Subjektivierung in der Diskursforschung.* Wiesbaden: Springer VS, S. 35-51

RICŒUR, PAUL (2010): *Der Konflikt der Interpretationen.* Baden-Baden: Karl Alber Verlag [1969]

ROHBECK, JOHANNES (2015): *Geschichtsphilosophie zur Einführung.* 3. Auflage. Hamburg: Junius [2004]

ROSE, NIKOLAS (1989): *Governing the Soul: The Shaping of Private Life,* London: Routledge

ROSE, NIKOLAS (1998): Life, reason and history: Reading Georges Canguilhem today. In: *Economy and Society* 27, 2&3, S. 154-170
ROSE, NIKOLAS (2006): *The politics of life itself: biomedicine, power, and subjectivity in the twenty-first century*. Princeton: University Press
RÖTTGER-DENKER, GABRIELE (2004): *Roland Barthes zur Einführung*. Hamburg: Junius
RUFFING, REINER (2010): *Michel Foucault*. Paderborn: Wilhelm Fink Verlag/Utb
RUOFF, MICHAEL (2018): *Foucault-Lexikon: Entwicklung – Kernbegriffe – Zusammenhänge*. 4. Auflage. Paderborn: Wilhelm Fink Verlag/utb
SAAR, MARTIN (2007): *Genealogie als Kritik. Geschichte und Theorie des Subjekts nach Nietzsche und Foucault*. Frankfurt/M.: Campus
SAAR, MARTIN (2009): Genealogische Kritik. In: JAEGGI, RAHEL; WESCHE, TILO (Hrsg.) (2009): *Was ist Kritik?* Frankfurt/M.: Suhrkamp, S. 247-265
SABOT, PHILIPPE (2006): *Lire Les Mots et les Choses de Michel Foucault*. Paris: puf
SARASIN, PHILIPP (2008): *Wie weiter mit Michel Foucault?* Hamburg: Hamburger Edition
SARASIN, PHILIPP (2019): *Darwin und Foucault. Genealogie und Geschichte im Zeitalter der Biologie*. Berlin: Suhrkamp
SARASIN, PHILIPP (2020): *Michel Foucault zur Einführung*. 7. überarbeitete Auflage. Hamburg: Junius
SCHÄFER, THOMAS (1995): *Reflektierte Vernunft. Michel Foucaults Projekt einer antitotalitären Macht- und Wahrheitskritik*. Frankfurt/M.: Suhrkamp
SCHMID, WILHELM (Hrsg.) (1991): *Denken und Existenz bei Michel Foucault*. Frankfurt/M.: Suhrkamp
SCHNÄDELBACH, HERBERT (2020): *Georg Wilhelm Friedrich Hegel zur Einführung*. 7. Auflage. Hamburg: Junius [2002]
SCHNEIDER, ULRICH J. (2001): Foucault und Heidegger. In: KLEINER, MARKUS S. (Hrsg.): *Michel Foucault. Eine Einführung in sein Denken*. Frankfurt/M.: Campus, S. 224-238
SCHNEIDER, ULRICH J. (2004a): *Michel Foucault*. Darmstadt: Wissenschaftliche Buchgesellschaft

SCHNEIDER, ULRICH J. (2004b): Philosophische Archäologie und Archäologie der Philosophie: Kant und Foucault. In: EBELING, KNUT; ALTEKAMP, STEFAN (Hrsg.): *Die Aktualität des Archäologischen in Wissenschaft, Medien und Künsten*. Frankfurt/M.: Fischer, S. 79-97

SCHWIBS, BERNHARD (1991): Kurze Erläuterungen zum französischen Hochschul- und Forschungssystem. In: ERIBON, DIDIER: *Michel Foucault. Eine Biographie.* Frankfurt/M.: Suhrkamp, S. 499-509

SENNELART, MICHEL (2004): Situierung der Vorlesungen. In: FOUCAULT, MICHEL (2004b): *Geschichte der Gouvernementalitat II. Geburt der Biopolitik. Vorlesungen am College de France (1978-1979)*. Frankfurt/M.: Suhrkamp [2004], S. 445-489

SMART, BARRY (2002): *Michel Foucault. Revised Edition.* London: Routledge [1985]

SOMBART, NICOLAUS (1995): *Pariser Lehrjahre. Leçons de Sociologie 1951-1954.* 3. Aufl. Hamburg: Hoffman und Campe

STÄHELI, URS (2015): *Poststrukturalistische Soziologien.* Bielefeld: transcript [2000]

STÄHELI, URS (2001): *Foucault – ein Theoretiker der Moderne?* In: STARK, CARSTEN; CHRISTIAN LAHUSEN (Hrsg.): *Theorien der Gesellschaft. Einführung in zentrale Paradigmen der soziologischen Gegenwartsanalyse.* München: Oldenbourg, S. 237-265

SUHR, MARTIN (2022): *Jean-Paul Sartre zur Einführung.* 6. Auflage. Hamburg: Junius [2001]

THIEME, KLAUS (1986): *Althusser zur Einführung.* Hamburg: Junius

TIETZ, MANFRED; GERHARD SCHMIDT (1980): Einleitung. In: BACHELARD, GASTON: *Die Philosophie des Nein. Versuch einer Philosophie des neuen wissenschaftlichen Geistes.* Frankfurt/M.: Suhrkamp, S. 7-16 [1940]

TRAWNY, PETER (2003): *Martin Heidegger.* Frankfurt/M.: Campus

TREIBEL, ANNETTE (2006): *Einführung in soziologische Theorien der Gegenwart*. Wiesbaden: VS

VEYNE, PAUL (1981): *Der Eisberg der Geschichte. Foucault revolutioniert die Historie.* Berlin: Merve

VEYNE, PAUL (2009): *Foucault: Der Philosoph als Samurai.* Ditzingen: Reclam

VIEHÖVER, WILLY; REINER KELLER; WERNER SCHNEIDER (Hrsg.) (2013): *Diskurs – Sprache –Wissen. Interdisziplinäre Beiträge zum Verhältnis von Sprache und Wissen in der Diskursforschung.* Wiesbaden: Springer VS

WEBER, MAX (2007): Die protestantische Ethik und der ›Geist‹ des Kapitalismus. In: WEBER, MAX: *Gesammelte Aufsätze zur Religionssoziologie.* Tübingen: Mohr, S. 17-206 [1904]

WEISS, JOHANNES (Hrsg.) (2001): *Die Jemeinigkeit des Mitseins. Die Daseinsanalytik Martin Heideggers und die Kritik der soziologischen Vernunft.* Konstanz: UVK

WELSCH, WOLFGANG (1998/1999): *Geschichte der Philosophie seit 1945, Semester I & II,* CD-Box, Mühlheim: Auditorium-Netzwerk

WITTGENSTEIN, LUDWIG (2003): *Philosophische Untersuchungen.* Frankfurt/M.: Suhrkamp [1953]

Zeittafel

Im ersten Band der *Schriften* ist eine detaillierte Zeittafel enthalten (DEFERT 2001), der die hier zusammengestellten Angaben entnommen sind. Dort finden sich auch zahlreiche Hinweise zum politischen Kontext, zum Freundes- und Bekanntenkreis sowie zu den wissenschaftlichen Netzwerken Foucaults.

1926 Paul-Michel Foucault wird am 15. Oktober in Poitiers geboren. Sein Vater Paul-André Foucault ist Chirurg und Anatom; seine Mutter Anne-Marie Malapert hatte zwar nicht Medizin studiert, stammte jedoch ebenfalls aus einer Medizinerfamilie. Seine Schwester Francine war ein Jahr zuvor geboren worden.

1930 Einschulung in Poitiers.

1933 Am 1. Januar wird sein Bruder Deny geboren, der später Chirurg wird.

1942 Erste Abiturprüfungen.

1943 Beginn der Vorbereitungen für die Aufnahme an der Pariser *École normale supérieure* (ENS)

1945 Er scheitert im Aufnahmeverfahren; Wechsel an das renommierte Pariser Gymnasium *Henri-IV*.

1946 Bestehen der Aufnahmeprüfung; Beginn des Studiums der Philosophie und Psychologie an der ENS. In den Folgejahren stärkere psychische Probleme, Selbstmordversuch, kürzere therapeutische Behandlungen.

1948 Studienabschluss (*Licence*) in Philosophie an der Sorbonne. 1949 *Licence* in Psychologie.

1950 Eintritt in die Kommunistische Partei Frankreichs; Scheitern an der Lehramtsprüfung für Höhere Schulen (*Agrégation*).

1951 Bestehen der *Agrégation* in Philosophie; er unterrichtet Psychologie an der ENS, Mitarbeit an Versuchen der experimentellen Psychiatrie, Stipendiat der *Fondation Thiers*: Beginn einer Dissertation über die Entstehung der Psychologie.

1952 Diplom in Psychopathologie; Wechsel auf eine Assistentenstelle für Psychologie an die Universität Lille, weiterhin Lehre an der ENS.

1953 Diplom in experimenteller Psychologie; Austritt aus der Kommunistischen Partei.

1954 Foucaults erstes Buch *Maladie mentale et personnalité* (*Geisteskrankheit und Persönlichkeit*) erscheint, ebenso das Vorwort zu Binswangers Buch *Traum und Existenz*. Mitarbeit an Übersetzungen psychologischer Werke aus dem Deutschen.

1955 Übernahme einer Lektorenstelle und der Leitung des französischen Kulturinstitutes in Uppsala (Schweden); Arbeit an *Folie et déraison* (*Wahnsinn und Gesellschaft*); Einladungen renommierter Gastredner, Vorträge zu Fragen der Literatur und Kunst.

1958 Leitung des *Centre de Civilisation Française* an der Universität Warschau (Polen). Fertigstellung des Manuskripts seiner *Thèse*.

1959 Tod seines Vaters; Foucault übernimmt in Hamburg die Leitung des *Institut Français*.

1960 Übersetzung von Kants *Anthropologie in pragmatischer Hinsicht* und Verfassung einer langen Einleitung dazu als zweiter Bestandteil der Doktorarbeit. Rückkehr nach Frankreich als Dozent für Psychologie an der Universität Clermont-Ferrand.

1961 Bestehen des Habilitationsverfahrens im Mai an der Sorbonne; *Folie et déraison* erscheint.

1962 Stark veränderte Neuauflage des ersten Buches als *Maladie mentale et Psychologie* (*Psychologie und Geisteskrankheit*). Professor für Psychologie/Philosophie in Clermont-Ferrand.

1963 *Naissance de la clinique* (*Die Geburt der Klinik*) und *Raymond Roussel* erscheinen. Redaktionsbeirat der Zeitschrift *Critique*. Beginn der Beziehung mit Daniel Defert. Arbeit an *Les Mots et les Choses (Die Ordnung der Dinge)*; Urlaubsreise nach Marokko, Vorträge in Madrid und Lissabon.

1964 Vorträge in der Türkei, Reisen nach Tunesien.

1965 Mitglied der von de Gaulle eingesetzten Kommission für die Reform der Universitäten. Vorträge in Brasilien. Fertigstellung von *Les Mots et les Choses*.

1966 *Les Mots et les Choses* erscheint. Übernahme der französischen Gesamtausgabe von Nietzsches Werken (mit Gilles Deleuze). Vorträge in Budapest. Befristeter Wechsel an die Universität in Tunis auf eine Professur für Philosophie. Reise nach Algerien. Arbeit an der *Archéologie du Savoir* (*Archäologie des Wissens*). Versuche zur Rückkehr nach Frankreich an die Pariser Sorbonne; Ruf auf einen Lehrstuhl für Psychologie in Paris-Nanterre; Vorträge in Italien. Er liest u.a. Che Guevara.

1968 Unterstützung der sozialistischen tunesischen Studierendenbewegung; Reise nach Libyen; Teilnahme an Demonstrationen in Paris; er interessiert sich für Texte der Black Panthers.

1969 *Archéologie du Savoir* erscheint. Übernahme einer Professur für Philosophie an der neuen Reformuniversität Paris-Vincennes; ist zuständig für die Einrichtung des philosophischen Departments; Beteiligung an Studentenprotesten und Verhaftung; Reise zum Londoner *Institut Français*; nach Weisung des französischen Außenministeriums darf er keine Vorträge an englischen Universitäten halten. Vorbereitung des Rufes ans *Collège de France*.

1970 Vorträge in den USA, Japan und Italien; Berufung auf den Lehrstuhl für die *Geschichte der Denksysteme* am *Collège de France;* im Dezember Antrittsvorlesung. Vorwort zu den gesammelten Werken von Georges Bataille.

1971 Mitgründung und Beginn des Engagements in der *Groupe d'informations sur les prisons* (G.I.P.; Informationsgruppe über die Zustände in den Gefängnissen mit Sitz in seiner Wohnung; erneute Festnahme), Teilnahme an antirassistischen Kundgebungen im Pariser ›Afrika-Viertel‹ *Goutte d'or* (mit Sartre) etc.; *L'ordre du discours* (Die Ordnung des Diskurses) erscheint. Beginn der Vorlesungen am *Collège de France*, die zu öffentlichen Ereignissen werden. Reisen nach Kanada, Tunesien, Holland.

1972 Zusammenarbeit mit anderen Informationsgruppen, z.B. der *Groupe information-santé* (G.I.S.; Fragen der Medizin); Vortragsreisen in die USA. Mitarbeit an der Gründung der linken unabhängigen Tageszeitung *Libération*; Arbeit an *Surveiller et punir* (*Überwachen und Strafen*).

1973 *Moi, Pierre Rivière* (*Der Fall Rivière*) erscheint. Vorträge in den USA, Kanada und Brasilien. Anklage durch die Staatsanwaltschaft, er sei mitverantwortlich für eine Broschüre, die sich für das Recht auf Abtreibung einsetzt.

1974 Vorträge in Kanada und Brasilien; weiteres Engagement zu unterschiedlichen Themen der sozialen Bewegungen.

1975 *Surveiller et punir* erscheint. Vorträge in den USA und in Brasilien. Einsatz für Gegner des Franco-Regimes in Spanien, er und seine Mitstreiter werden ausgewiesen. *Der Fall Pierre Rivière* wird sowohl von René Allio als auch von Christine Lipinska verfilmt.

1976 Weitere Vorträge in Kalifornien und Brasilien. Erscheinen von *La volonté de savoir* (*Der Wille zum Wissen*) als erster Band der Reihe *Sexualität und Wahrheit*.

1977 Reisen nach Deutschland und Kanada. Teilnahme an verschiedenen Veranstaltungen linker Bewegungen, u. a. in Berlin. Verhaftung durch die Westberliner Polizei.

1978 Teilnahme am Berliner TUNIX-Kongress und in Hannover an einer Demonstration für Peter Brückner. Vortragsreisen nach Japan. *Herculine Barbin* (*Über Hermaphrodismus*) erscheint. Reisen in den Iran; Reportagen und Texte dazu für den italienischen *Corriere della Sera*, in denen er zunächst die Revolutionsbewegung begrüßt. Unterstützung der vietnamesischen *Boat People*.

1979 Geheimes israelisch-palästinensisches Kolloquium in seiner Wohnung. Offener Brief an den iranischen Premierminister, in dem er die Entwicklungen im Iran verurteilt. Foucault verfasst (auch in den Folgejahren) Texte für die Homosexuellen-Zeitschrift *Le Gai Pied* und gibt mehrfach Interviews zu Fragen homosexueller Lebensweisen. Vorträge in den USA.

1980 Weiteres politisches Engagement in sozialen Bewegungen. Reise nach Bayreuth und Vorträge in den USA.

1981 Vorträge in Belgien und den USA. Engagement für die *Boat People* und die polnische *Solidarność* (mit Pierre Bourdieu).

1982 Vorträge in Kanada. Reise nach Polen zur Verteilung von Medikamenten (mit Simone Signoret, Bernard Kouchner u. a.). *Le Désordre des familles* (*Familiäre Konflikte*) erscheint.

1983 Vorträge in Kalifornien. Teilnahme an Diskussionen über die französische Gewerkschaftsbewegung. Reise nach Spanien. Gesundheitsprobleme und Erschöpfungszustände. Übersetzung des Buches *Über die Einsamkeit der Sterbenden in unseren Tagen* von Norbert Elias (mit Martin Ziegler). Fertigstellung der Folgebände von *Sexualität und Wahrheit.*

1984 Kurzfristige Besserung seines Gesundheitszustandes; regelmäßige Behandlungen. Unterstützung afrikanischer Migranten. *L'Usage des Plaisirs (Der Gebrauch der Lüste)* und *Le Souci de soi (Die Sorge um sich)* erscheinen im Mai. Am 3. Juni Einweisung in das Krankenhaus *Saint-Michel*, kurz darauf in *Salpêtrière*. Foucault stirbt dort am 25. Juni an AIDS.

Sachregister

E

F

G

L

M

N

O

T

U

V

W

Z

Personenregister